Español en marcha 1

Curso de español como lengua extranjera

Cuaderno de ejercicios

Francisca Castro Viúdez
Pilar Díaz Ballesteros
Ignacio Rodero Díez
Carmen Sardinero Franco

Español Lengua Extranjera

SOCIEDAD GENERAL ESPAÑOLA DE LIBRERÍA, S. A.

SGEL

Primera edición 2005

Produce SGEL – Educación
Avda. Valdelaparra, 29
28108 Alcobendas (MADRID)

© Francisca Castro, Pilar Díaz, Carmen Sardinero, Ignacio Rodero
© Sociedad General Española de Librería, S. A., 2005
  Avda. Valdelaparra, 29, 28108 Alcobendas (MADRID)

Diseño de cubierta: Fragmenta comunicación S.L.
Diseño y maquetación: Verónica Sosa y Leticia Delgado
Ilustraciones: Maravillas Delgado
Fotografías: Jesús García Bernardo, Verónica Brito, Archivo SGEL, Cordon Press, S. L.

ISBN-10: 84-9778-197-X
ISBN-13: 978-84-9778-124-4
Depósito legal: M. 1.416-2007
Printed in Spain – Impreso en España

Impresión: Closas-Orcoyen, S. L.

contenidos

A. ¡Encantado!

1. Relaciona.

1. ¡Hola!, ¿qué tal?   a. Encantado.
2. ¿De dónde eres?   b. Soy japonesa.
3. ¿Cómo te llamas?   c. Me llamo Mayumi.
4. Este es Rubén.   d. Bien, ¿y tú?
5. Mucho gusto.   e. ¡Hola!, Rubén, ¿qué tal?
6. ¿Eres español?   f. No, soy cubano.

2. Escribe las preguntas.

1. A. ¿De dónde eres?
    B. Soy andaluz.

2. A. ¡Hola!, ¿_____?
    B. Bien, ¿y usted?

3. A. ¿ _____?
    B. No, soy mexicana.

4. A. ¿_____?
    B. Soy francesa.

5. A. ¿_____?
    B. Renate, ¿y tú?

3- Completa la tabla.

TÚ	USTED
¿Cómo te llamas?	¿Cómo se llama?
_____	¿De dónde es usted?
¿Cómo estás?	¿_____?

4. Completa los diálogos con los elementos del recuadro.

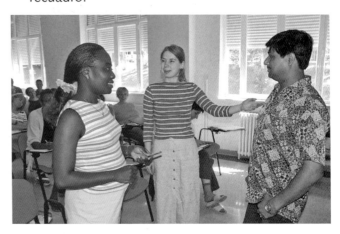

soy – eres – ~~cómo~~ – y tú

1. A. Hola, ¿*cómo* te llamas?
    B. Anil, ¿y tú?
    A. Safiya.
    B. ¿_____ francesa?
    A. No, _____ nigeriana. ¿_____?
    B. Yo soy paquistaní.

pero – en – ~~esta~~ – gracias – dónde

2. PABLO: María, mira, *esta* es Susanne.
    MARÍA: Hola, Susanne, ¿qué tal?
    SUSANNE: Bien, _____ .
    MARÍA: ¿De _____ eres?
    SUSANNE: Soy francesa, _____ ahora
             vivo _____ Madrid.

presento – gracias – buenos – encantada

3. ALVAREZ: Buenos días, Rosa.
   ROSA: _____ días, señor Álvarez.
   ÁLVAREZ: Mire, le _____ a la nueva
   directora, Marta Rodríguez.
   ROSA: _____ de conocerla, Marta.
   MARTA: _____ , igualmente.

5. Completa la tabla.

PAÍS	NACIONALIDAD	
	masculino	femenino
Francia	francés	francesa
Portugal	_____	portuguesa
Marruecos	_____	marroquí
Brasil	brasileño	_____
_____	_____	peruana
Canadá	canadiense	_____
_____	alemán	_____
Polonia	polaco	_____
Bielorrusia	_____	_____
_____	irlandés	_____
México	_____	_____

1. Busca en esta sopa de letras los nombres de ocho profesionales.

P	E	L	U	Q	U	E	R	O	B
R	T	Y	Ñ	P	O	U	J	K	Ñ
O	Z	C	A	R	T	E	R	O	L
F	M	E	T	A	X	I	S	T	A
E	C	R	A	B	O	G	A	D	A
S	V	W	P	D	O	S	M	O	A
O	R	E	R	A	M	A	C	L	C
R	E	P	T	V	E	B	W	M	T
A	Y	P	O	U	D	L	U	Q	R
P	O	U	T	R	I	M	W	D	I
Z	Q	R	T	B	C	M	N	R	Z
A	R	V	X	L	O	P	G	F	D

1

2. Forma frases, como en el modelo.

1. Él / llamar por teléfono / todos los días.
   Él llama por teléfono todos los días.

2. Rosa / tener / tres hijos.
   _____

3. Ignacio / hablar / inglés y francés.
   _____

4. Nosotros / comer / en casa los domingos.
   _____

5. ¿Usted / hablar / ruso?
   _____

6. ¿Vosotros / vivir / en España?
   _____

7. Ellos / vivir / en París.
   _____

8. Layla / estudiar / en la universidad.
   _____

9. Yo / no trabajar / ni estudiar.
   _____

10. ¿Usted / trabajar / aquí?
   _____

3. Completa la tabla.

Ser	Tener
soy	tengo
_____	tienes
_____	_____
somos	_____
_____	_____
son	_____

4. Completa las frases con *tener* o *ser*.

1. Elena *tiene* dos hijos.

2. Roberto _____ de Buenos Aires.

3. ¿De dónde _____ Jorge y Claudia?

4. A. ¿_____ ustedes americanos?
   B. No, _____ ingleses.

5. Yo _____ un novio español.

6. Mi amiga Gisela _____ brasileña.

7. A. ¿_____ novio (vosotras)?
   B. Ella sí, pero yo no _____.

8. A. ¿Tú _____ peruana?
   B. No, _____ boliviana.

5. Forma frases tomando un elemento de cada columna.

Luis y yo	habla	derecho
Renate	trabajo	traductora
Yo	estudiamos	madrileños
Ángel y Rosa	es	cuatro idiomas
	tienen	en un restaurante
	somos	dos hijos
		cocineros

C. ¿Cuál es tu número de teléfono?

1. Relaciona los números con su transcripción en letras.

a. 934 694 325   [4]

b. 608 541 275   [ ]

c. 956 439 803   [ ]

d. 963 352 041   [ ]

e. 972 376 921   [ ]

f. 608 342 105   [ ]

1. nueve, cinco, seis; cuatro, tres, nueve; ocho, cero, tres.

2. nueve, seis, tres; tres, cinco, dos; cero, cuatro, uno.

3. seis, cero, ocho; tres, cuatro, dos; uno, cero, cinco.

4. nueve, tres, cuatro; seis, nueve, cuatro; tres, dos, cinco.

5. nueve, siete, dos; tres, siete, seis; nueve, dos, uno.

6. seis, cero, ocho; cinco, cuatro, uno; dos, siete, cinco.

2. Escribe los números de teléfono.

a. 913 567 826: *nueve, uno, tres; cinco, seis, siete; ocho, dos, seis.*

b. 925 073 941

_____

c. 626 254 685

_____

d. 620 654 392

_____

e. 953 981 856

_____

3. Completa.

once, _____ , trece, _____ , _____ ,
dieciséis, _____ , _____ , diecinueve,
_____ .

4. Escucha y completa las fichas. **35**

NOMBRE: Manuel

APELLIDOS: _____

NACIONALIDAD: _____

PROFESIÓN: _____

CIUDAD: _____

TELÉFONO: _____

NOMBRE: Isabel

APELLIDOS: _____

NACIONALIDAD: _____

PROFESIÓN: _____

CIUDAD: _____

TELÉFONO: _____

5. Completa la tarjeta con tus datos.

NOMBRE: _____

APELLIDOS: _____

NACIONALIDAD: _____

PROFESIÓN: _____

CIUDAD: _____

TELÉFONO: _____

6. Completa con los verbos del recuadro. Cada uno se repite varias veces.

> llamarse – estudiar – vivir – ser
> tener – trabajar – hablar

A.
Hola, (1) *me llamo* Antonio Rodríguez, (2)_____ taxista. (3)_____ con mi familia en Toledo. Estoy casado y (4)_____ un hijo de quince años. Mi mujer (5)_____ Susana y (6)_____ peluquera, (7)_____ en una peluquería cerca de nuestra casa. Mi hijo (8)_____ en el instituto, (9)_____ un buen estudiante. En mi casa (10)_____ también mi madre, tiene 68 años y (11)_____ viuda. Ella nos ayuda en el trabajo de la casa.

B.
Yo (12)_____ Luisa y (13)_____ enfermera. (14)_____ andaluza, pero (15)_____ en Tarragona. (16)_____ en un hospital, claro. (17)_____ soltera, pero tengo una familia muy grande. Mis hermanos y mis padres (18)_____ en Barcelona.

C.
Mira esta foto, (19)_____ Javier, mi novio. (20)_____ 23 años y (21)_____ informático, (22)_____ en una empresa de ordenadores. (23)_____ inglés y francés, (24)_____ muy inteligente.

1

2

A. Familias

1. Relaciona.

1. ¿Tienes hermanos? **f**
2. ¿Estás casada? ☐
3. ¿Cuántos hijos tienen ustedes? ☐
4. ¿Cómo se llama tu madre? ☐
5. ¿Estás casado o soltero? ☐
6. ¿Tienes abuelos? ☐

a. No, estoy soltera.
b. Rocío.
c. Yo estoy casado, ¿y tú?
d. Sí, una abuela.
e. Dos, un niño y una niña.
f. Sí, uno mayor que yo.

2. Completa la descripción de las familias con el verbo *ser*, *tener* o *llamarse*.

Laura

Yo vivo con mi familia. Mi padre (1)_____ Jaime y (2) _____ abogado. Mi madre, Paloma, (3)_____ 45 años y (4)_____ bibliotecaria. Mi hermano Víctor (5)_____ estudiante, (6)_____ mayor que yo, (7)_____ 20 años.

Pablo

Yo vivo en Madrid y mi familia en el pueblo. (1)_____ dos hermanas, María (2)_____ la mayor, (3)_____ 21 años y estudia medicina. Isabel (4)_____ la menor, (5)_____ 18 años y estudia en el instituto. Mi madre (6)_____ Rosa, (7)_____ médica y mi padre (8)_____ Francisco y (9)_____ economista.

3. Mira el árbol genealógico y completa las frases.

```
José Luis ─────────────────── Mercedes
        ┌──────────────┴──────────────┐
   Miguel  Marisa            Jorge  Adela
   ┌────┴────┐                    │
 Irene    Celia                 Álvaro
```

CELIA: Mercedes es mi *abuela*.

MARISA: Miguel es mi _____

MERCEDES: Jorge es mi _____

IRENE: Jorge es mi _____

IRENE: Marisa es mi _____

MIGUEL: Marisa es mi _____

ÁLVARO: José Luis es mi _____

CELIA: Miguel y Marisa son mis _____

ÁLVARO: José Luis y Mercedes son mis _____

4. Escribe el plural.

1. Juan es colombiano.
   Rosa y María son colombianas.

2. Mi padre es profesor.
   Mis padres _____ .

3. Yo tengo un gato.

Nosotros _____ .

4. Él está casado.

Ellos _____ .

5. Este hotel es caro

Estos _____ .

6. ¿Tu compañero es español?

¿Tus _____ ?

7. Este chico es estudiante.

Estos _____ .

8. ¿Tu bolígrafo es nuevo?

¿_____ ?

9. La ventana está abierta.

_____ .

B. ¿Dónde están mis gafas?

1. Encuentra el nombre de los objetos en la sopa de letras.

O	B	C	R	D	P	M	G	U	V	F
R	P	O	W	S	S	B	P	W	R	M
D	I	C	C	I	O	N	A	R	I	O
E	N	H	G	L	F	R	R	E	P	V
N	B	E	U	L	A	M	A	L	P	I
A	Y	B	M	A	P	A	G	O	J	L
D	N	L	I	B	R	O	U	J	Z	W
O	B	N	M	G	A	F	A	S	C	P
R	Z	A	E	L	R	P	S	R	T	U

2. Esta es la clase de idiomas, pero el profesor no está. Responde las preguntas con ayuda de las preposiciones del recuadro.

> al lado de – encima de (x 3)
> debajo de – entre – detrás – en

1. ¿Dónde están Laura, María y Jorge?

   Laura, María y Jorge están *al lado de* la ventana.

2. ¿Dónde están los diccionarios?

   Los diccionarios están _____ la mesa.

3. ¿Dónde está Jorge?

   Jorge está _____ Laura y María.

4. ¿Dónde está la mochila de Laura?

   La mochila de Laura está _____ la silla.

5. ¿Dónde está el cuaderno?

   El cuaderno está _____ la silla.

6. ¿Dónde está el balón?

   El balón está _____ de la silla.

7. ¿Dónde está el mapa?

   El mapa está _____ la pared.

8. ¿Dónde está el ordenador?

   El ordenador está _____ la mesa.

3. Sigue el modelo.

1. hermano (yo)
   Este es mi hermano.

2. padres (yo)
   Estos _____ .

3. madre (tú)
   ¿_____ ?

4. tíos (él)
   _____ .

5. libros (tú)
   _____ .

6. hermanas (yo)
   _____ .

7. abuelos (ella)
   _____ .

8. teléfono (Vd.)
   ¿_____ ?

2. Completa.

a. 25 *veinticinco.*

b. 87 _____ y siete.

c. 94 noventa _____ .

d. 103 _____ tres.

e. 115 _____ quince.

f. 230 doscientos _____ .

g. 321 trescientos _____ .

h. 446 _____ cuarenta y seis.

i. 535 _____ treinta y cinco.

j. 1.212 mil _____ .

k. 1.936 _____ treinta y seis.

l. 1.998 mil novecientos _____ .

ll. 2.550 dos mil _____ .

3. Escucha a esta persona hablar de los horarios de su país y escribe la hora. **36**

Desayuno: Los sirios desayunan a las _____ .

Comida: A las _____ .

Cena: _____ .

Los niños empiezan las clases a las _____ .

Los bancos abren a las _____ y cierran a las _____ .

Las tiendas abren a las _____ y cierran a las _____ .

4. Escribe sobre los horarios en tu país.

En mi país la gente desayuna a las _____ ,

come a las _____ y cena a las _____ .

Los bancos _____ .

Los niños _____ .

Las tiendas _____ .

2

C. ¿Qué hora es?

1. Escribe la hora correcta debajo de cada reloj.

1. _____   2. _____   3. _____

4. _____   5. _____   6. _____

7. _____   8. _____

5. Lee el texto y señala verdadero o falso.

HIJOS ADOPTADOS

Manolo y Nuria son gallegos, viven en Santiago de Compostela. Manolo es administrativo y tiene 36 años. Su mujer, Nuria, tiene 34 años y es peluquera. Tienen dos hijos: Hilda y Benito. Pero los hijos no son gallegos, ni españoles. Hilda es ecuatoriana, tiene 10 años, y Benito, de 8 años, es peruano. Los dos son adoptados. Ahora forman una familia feliz.

1. Manolo y Nuria no son españoles. ☐

2. Nuria es peluquera. ☐

3. Manolo y Nuria tienen tres hijos. ☐

4. Hilda y Benito son hijos adoptados. ☐

6. Ordena las frases.

1. simpática / es / hermana / mi / muy.
   Mi hermana es muy simpática.

2. ¿vives / tus / tú / padres / con?
   _____

3. ¿padres / tus / viven / dónde?
   _____

4. mayor / hermano / mi / médico / es.
   _____

5. marido / alemana / empresa / trabaja / una / en / mi.
   _____

6. vive / padres / abuelo / mi / con / mis.
   _____

7. ¿estudian / hijos / universidad / en / tus / la?
   _____

7. Escucha y completa los datos. **37**

	NÚM.	HORA	PUERTA EMBARQUE
Rio de Janeiro	125		12 A
Lima		7.55	6 C
Santiago	064	12.05	
Buenos Aires	1289		5 B
México	576	18.35	
Roma		23.10	10 A

8. Corrige los errores.

1. Mis padres es italianos.
   Mis padres son italianos.

2. ¿Dónde está mis lápices?
   _____

3. Enrique tiene dos reloj.
   _____

4. El diccionario está encima de mesa.
   _____

5. La ventana está abierto.
   _____

6. Son la una y cuarto.
   _____

7. Esta sofá es muy cómodo.
   _____

8. En mi país la gente cena las diez.
   _____

Practica más 1

Unidades 1 y 2

1. Completa las tablas.

	Trabajar	Comer	Vivir
yo	trabajo	como	vivo
_____	trabajas	_____	_____
él	_____	_____	_____
nosotros	_____	_____	_____
_____	_____	_____	vivís
ellos	_____	comen	_____

Tener	Ser
_____	soy
tienes	_____
_____	_____
_____	somos
tenéis	_____
_____	_____

2. Completa las frases con uno de los verbos del ejercicio 1.

1. Ángel y Susi *tienen* dos hijos.
2. Ida _____ peruana, _____ peluquera y _____ en una peluquería.
3. Nosotros _____ los domingos en un restaurante chino.
4. A. ¿Dónde _____ usted?
   B. En Málaga, ¿y usted?
5. A. ¿_____ hijos?
   B. No, estoy soltero.

6. Rosa y Emilio _____ profesores y _____ en una escuela de idiomas.
7. Julia _____ estudiante y _____ con sus padres.
8. A. ¿Dónde _____ ustedes?
   B. Yo, en un restaurante.
   C. Y yo en una empresa de informática.
9. Nosotros no _____ hijos.
10. Ellos _____ españoles, pero _____ en Cuba.

3. Escribe en la columna correspondiente.

silla – ordenador – mapa – sofá – diccionario
libro – móvil – gafas – televisión – mesa
ventana – cuaderno – hotel – chico

Masculino	Femenino
ordenador	silla

4. Escribe las preguntas.

1. A. ¿De *dónde eres*?
   B. Soy peruana.
2. A. ¿_____ español?
   B. No, soy mexicano.

3. A. ¿Dónde _____ ?

   B. Yo en Valencia.

   C. Y yo en Sevilla.

4. A. ¿A qué _____ ?

   B. Soy administrativo.

5. A. ¿_____ ?

   B. En una empresa de informática.

6. A. ¿_____ ?

   B. Roberto Martínez.

7. A. ¿_____ ?

   B. No, somos andaluzas.

8. A. ¿_____ ?

   B. No, soy soltera.

9. A. ¿_____ ?

   B. Sí, un niño y una niña.

5. Escribe el plural de estos nombres.

1. la mesa   *las mesas*

2. el reloj   _____

3. el hombre   _____

4. la mujer   _____

5. el paraguas   _____

6. el estudiante   _____

7. la abuela   _____

8. el padre   _____

9. el autobús   _____

10. el móvil   _____

6. Completa con el posesivo adecuado.

1. ¿Cómo se llama *tu* hijo? (tú)

2. ¿Dónde están _____ gafas? (yo)

3. ¿De dónde es _____ profesora? (tú)

4. ¿Dónde están _____ libros? (tú)

5. ¿Dónde están _____ hermanas? (Vd.)

6. ¿Dónde está _____ padre? (Vd.)

7. ¿De dónde es _____ novia? (él)

8. ¿Dónde está _____ diccionario. (yo)

7. Escribe los números que faltan.

1. diez, _____ , doce, _____ , catorce, _____ , dieciséis.

2. veinte, _____ , cuarenta, _____ , sesenta, _____ .

3. _____ , doscientos, _____ , cuatrocientos, _____ , seiscientos, _____ , ochocientos, _____ , mil.

8. En cada frase hay un error. Encuéntralo y corrígelo.

1. ¡Buenas días, señor Martínez!
   Buenos.

2. Me llamo Mary y soy inglés.
   _____

3. Ellos vive en París.
   _____

4. Yo trabaja en un banco.
   _____

5. Mi madre es peluquero.
   _____

6. ¿De dónde sois Vdes?
   _____

7. Roberto y Ana tiene dos hijos.
   _____

8. Mi compañera está de Brasil.
   _____

9. Nosotras somos italiana.
   _____

10. En mi país la gente comen a las 12.
    _____

11. La reloj de Luis es nuevo.
    _____

12. Esta mapa es de América del Sur.
    _____

$\frac{1}{2}$

A. Rosa se levanta a las siete

1. Forma frases.

1. María / bañarse / por la mañana.
   María se baña por la mañana.

2. Jorge / levantarse / muy tarde.
   _____ .

3. ¿Tú / acostarse / antes de las 12?
   ¿ _____ ?

4. Mi novio no / afeitarse / todos los días.
   _____ .

5. Clarita / peinarse / sola.
   _____ .

6. Yo / acostarse / antes que mi mujer.
   _____ .

7. Mis padres / levantarse / temprano.
   _____ .

8. Peter / sentarse / en la última fila.
   _____ .

2. Completa con la preposición adecuada.

a (al) – de (del) – desde – hasta – en – por

1. El lunes próximo vuelvo *a* mi país.

2. La farmacia está abierta _____ las diez _____
   la mañana _____ las ocho _____ la tarde.

3. Rebeca sale _____ casa _____ las 8.

4. Yo voy _____ trabajar _____ metro y vuelvo _____
   casa andando.

5. ¿ _____ qué hora te levantas?

6. Los bancos abren _____ ocho _____ tres.

7. Los sábados _____ la mañana voy _____
   gimnasio.

8. Raúl y Luisa vuelven _____ las vacaciones mañana.

9. En esta escuela hay clases _____ la mañana y
   _____ la tarde.

3. Relaciona.

1. ir	a. despertarse
2. dormir	b. salir
3. abrir	c. volver
4. entrar	d. terminar
5. acostarse	e. levantarse
6. empezar	f. cerrar

4. Completa la tabla.

Acostarse	Volver	Ir
Me acuesto	_____	_____
Te _____	vuelves	_____
Se _____		va
_____	volvemos	_____
os acostáis	_____	_____
_____	_____	van

5. Busca en la sopa de letras estas formas verbales.

ir, yo – cerrar, ella – empezar, nosotros
salir, yo – venir, vosotros – cerrar, yo
venir, yo – empezar, usted – salir, ellos

C	E	M	P	E	Z	A	M	O	S
I	W	R	V	O	Y	Ñ	E	M	A
E	C	I	E	R	R	A	M	H	L
R	V	E	N	G	O	B	P	X	G
R	M	Q	I	Z	M	Ñ	I	K	O
O	U	Z	S	S	A	L	E	N	C
Z	W	R	T	M	B	O	Z	Q	L
V	B	R	E	T	U	M	A	X	L

6. Completa con el verbo en presente.

1. A. Hola, María, ¿de dónde (*venir*) *vienes*?
    B. (*venir*) _____ de comprar unos regalos y (*ir*) _____ ahora mismo al supermercado, que (*cerrar*) _____ a las 9.

2. A. ¿(*ir*, nosotros) _____ mañana a la playa?
    B. Si (*acostarse*) _____ pronto hoy, sí.

3. A. ¿A qué hora (*empezar*) _____ la película?
    B. A las 12, pero yo (*acostarse*) _____ ya, estoy muy cansada.

4. A. Es tarde, ¿(*volver*, nosotros) _____ a casa?
    B. Sí, ¿(*ir*, nosotros) _____ en metro o en taxi?

B. ¿Estudias o trabajas?

1. Une estas fichas correctamente y encontrarás los días de la semana.

LU NES BA
SÁ CO GO
MIN NES VIER
DO JUE DO
MIÉR MAR LES
TES VES

1. LU _____
2. _____ _____
3. _____ _____ _____
4. _____ _____
5. _____ _____
6. _____ _____ _____
7. _____ _____ _____

2. Relaciona los dibujos con estas profesiones.

1. músico   b
2. conductor   ☐
3. policía   ☐
4. pintor   ☐
5. estudiante   ☐
6. camarero   ☐
7. enfermera   ☐

3. Relaciona.

1. músico   a. oficina
2. estudiante   b. aeropuerto
3. camarero/a   c. orquesta
4. enfermero/a   d. restaurante
5. dependiente   e. universidad
6. azafata   f. hospital
7. secretario/a   g. supermercado

4. Escribe algunas frases sobre estas personas. Utiliza el vocabulario del ejercicio anterior.

1. Paloma es azafata y trabaja en _____ .
2. Celia es dependienta y _____ .
3. Ana y Luisa _____ enfermeras y _____ .
4. Mi hermana _____ y _____ una oficina.
5. Jaime y Pedro _____ restaurante.

5. Nuria vive en Granada con su hija. Mira los dibujos y escribe frases sobre su vida. Utiliza los verbos del recuadro.

> ir a nadar – ducharse – leer – cenar
> trabajar – llevar al colegio – desayunar
> recoger – levantarse

1. Nuria *se levanta* a las siete.
2. Nuria _____ .
3. Nuria _____ con su hija a las 7.30.
4. _____ a la niña a las 8.
5. _____ en el colegio desde las 9 hasta las 17.
6. _____ a su hija a las 17.30.
7. _____ a la piscina.
8. _____ con su hija a las 20.00.
9. _____ un libro antes de dormirse.

6. Completa el texto con las palabras del recuadro.

> soy – muy – trabajo – porque – salgo
> fines – el – cine – y – semanas
> cantantes – ~~de~~

Hola, me llamo Paula y soy *de* Madrid. Tengo 28 años y _____ periodista. _____ en la redacción de la revista *Clarita*. Mi trabajo es _____ interesante _____ conozco a mucha gente: artistas, políticos, _____… Todas las _____ hago un reportaje _____ una entrevista.
Los _____ de semana _____ con mis amigos. El sábado vamos a bailar y _____ domingo, al _____ .

c. ¿Qué desayunas?

1. Cuatro personas están en una cafetería. Escucha y completa qué desayuna cada uno. `38` 🔘

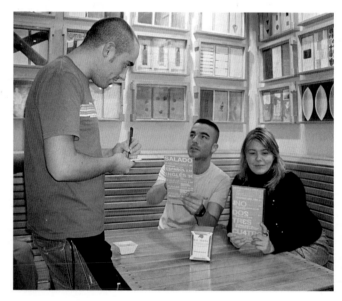

¿Qué toman?
A. _____ y tostada.
B. _____ .

_____ de queso
_____ .

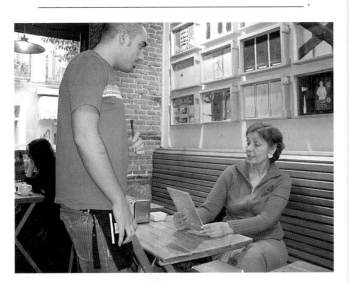

_____ una magdalena y
_____ .

2. ¿Qué sabes de las costumbres de los españoles?

1. Los españoles comen:
   a. A las 12 del mediodía. ☐
   b. A partir de las 2 de la tarde. ☐

2. ¿Qué hacen en verano después de comer?
   a. Duermen la siesta. ☐
   b. Hacen deporte. ☐

3. ¿A qué hora se acuestan?
   a. A las 10 de la noche. ☐
   b. Entre las 11 y las 12. ☐

3. Ahora lee y comprueba tus respuestas.

HORARIOS

Los horarios en España son diferentes a los de otros países europeos. La gente normalmente trabaja por las mañanas, desde las ocho hasta las tres de la tarde, y va a casa a comer. Pero cada vez hay más personas que trabajan de nueve a cinco o seis de la tarde y comen en bares o restaurantes cerca del trabajo. La hora de comida es entre las dos y las tres y media de la tarde.

En verano algunos españoles duermen la siesta después de comer. La hora de la cena es entre las nueve y media y las diez y media de la noche. Por eso los españoles se acuestan muy tarde, a las once o las doce de la noche.

Los horarios de las tiendas también son distintos. Por la mañana abren a las diez y cierran a las dos, y por la tarde abren a las cinco y cierran a las ocho y media. Los domingos las tiendas están cerradas.

3

4. Imagina que vives en España y contesta las preguntas.

1. Unos amigos españoles te invitan a comer, ¿a qué hora puedes ir a su casa?
   _____

2. ¿Por qué los españoles no suelen llamar por teléfono entre las 3 y las 5 los días de verano?
   _____

3. Son las 3 de la tarde y quieres comprar un ramo de flores, ¿puedes hacerlo?
   _____

A. ¿Dónde vives?

1. Mira el dibujo y señala dónde se encuentra. En el recuadro tienes el lugar de la casa donde tienes que situarlo.

> dormitorio – cocina – comedor – jardín
> salón – garaje – cuarto de baño

1. *Jardín.*
2. _____
3. _____
4. _____
5. _____
6. _____
7. _____

2. ¿En qué piso vive cada personaje?

1. Doña Matilde en el 1.º izda.
   En el primero izquierda.

2. Don Federico en el 4.º dcha.
   _____

3. Juan y Manuel en el 3.º C.
   _____

4. Mi hermana en el 2.º izda.
   _____

5. La señora González en el 10.º dcha.
   _____

LEER

3. Lee el anuncio de *venta de pisos* y completa las frases.

> ### VENTA DE PISOS
>
> **General Ricardos:** 2 dormitorios, cocina amueblada, baño completo: 90.000 €.
> **Salamanca:** 90 m², 3 dormitorios muy luminosos: 350.000 €.
> **Urgel:** 70 m², 2 dormitorios, garaje, cerca del metro: 180.000 €.
> **Chamartín:** 3 dormitorios, planta baja, pequeño jardín: 230.000 €.

1. El piso de General Ricardos tiene dos habitaciones y un _____ completo. La _____ está amueblada.

2. Los _____ del piso de Salamanca tienen mucha luz.

3. La única casa que tiene _____ es la de Urgel.

4. Por 230.000 euros tenemos un piso en Chamartín con un _____ pequeño.

B. Interiores

1. Clasifica el vocabulario del recuadro en su habitación correspondiente.

> sillones – lavabo – lavavajillas
> armarios – espejo – equipo de música
> mesa – bañera – microondas

Cocina:
armarios, _____

_____

Cuarto de baño:

_____

_____

Salón:

_____

_____

2. Completa los huecos con el artículo determinado (*el / la / los / las*).

1. Compro *el* periódico todas las mañanas.
2. ___ casa de Isidro es muy grande.
3. ___ amigos de Juan son muy jóvenes.
4. Yo vivo en ___ centro de Madrid.
5. Trabajo con ____ hermanas de Ángela.
6. ___ metro está cerca de ___ plaza Mayor.

3. Completa los huecos con el artículo indeterminado (*un / una / unos / unas*).

1. Este hotel tiene *una* piscina estupenda.
2. ¿Trabajas en _____ empresa de informática?
3. Este es ___ restaurante muy bueno.
4. Tengo _____ libros de arte preciosos.
5. Este piso tiene ___ cuarto de baño muy grande.
6. Tengo _____ pantalones nuevos.
7. Rosa vive en ___ chalé adosado.

4. Completa los huecos con el artículo determinado o indeterminado correspondiente.

1. El libro está en mi cartera pero no sé dónde están ____ gafas.
2. En la habitación hay ___ hombre y ____ mujer.
3. Cerca de mi casa hay ___ mercado.
4. ___ pizarra está en ___ pared.
5. ____ campos de fútbol están al final del parque.
6. Allí está ___ tienda de fotografía.

5. Ordena las siguientes frases.

1. Dos restaurantes / mi casa / cerca de / hay.
   Cerca de mi casa hay un restaurante.
2. Barcelona / el Museo Picasso / está / en.

   _____
3. Bilbao / cerca de / está / Santander.

   _____
4. Hay / mi casa / una estación / junto a.

   _____
5. La habitación / un cuarto de baño / al lado de / hay.

   _____
6. lavabo / espejo / está / encima / del / el.

   _____
7. está / ordenador / habitación / el / hermano / la / en / mi / de.

   _____

6. Completa las frases con: *hay, está, están, tiene, tienen.*

1. El dormitorio *está* al final del pasillo.
2. ¿____ una farmacia por aquí cerca?
3. ¿Dónde _____ los servicios, por favor?
4. En la plaza ____ un museo.
5. La estantería _____ a la derecha de la televisión.
6. ¿____ unos grandes almacenes cerca de tu casa?
7. Mis abuelos _____ una casa en el campo.

4

8. ¿Dónde _____ la calle General Ricardos?

9. ¿_____ tu madre microondas en la cocina?

ESCUCHAR

7. Escucha a Carmen hablando de su casa y di si las frases son verdaderas o falsas. Corrige las falsas. **39**

1. La casa de Carmen está en la ciudad.
   _____

2. La casa tiene dos cuartos de baño.
   _____

3. El comedor tiene chimenea.
   _____

4. La cocina está cerca del salón.
   _____

5. La casa no tiene garaje.
   _____

6. El jardín es pequeño.
   _____

7. En la casa no hay piscina.
   _____

8. Completa el texto con las palabras del recuadro.

> está – en – dormitorios – quinta
> librería – ~~grande~~ – porque – cocina – hay
> televisión – el

Mi piso no es muy (1) *grande*, pero es muy cómodo. (2)_____ en un edificio antiguo, (3)_____ el centro de Madrid. Mi piso está en la (4)_____ planta, pero no (5)_____ ascensor. Tiene dos (6)_____ , un salón-comedor y un cuarto de baño, la (7)_____ y una terraza pequeña con dos plantas.
Mi habitación preferida es (8)_____ salón (9)_____ es grande y cómodo: hay dos sofás, una (10)_____ , un equipo de música, una mesa, sillas y, lo mejor, una (11)_____ con muchos libros.
La cocina es muy pequeña, sólo tengo lo necesario.

4

C. En el hotel

1. Pon las siguientes frases en un orden lógico.

a. Pago la cuenta. ☐

b. Relleno la ficha en la recepción. ☐

c. Paso la noche en el hotel. ☐

d. Subo a mi habitación. ☐

e. Llego al hotel. ☐ 1

f. Desayuno. ☐

g. Me marcho del hotel. ☐

2. ¿Qué se dice en estas situaciones?

1. Quieres pasar el próximo fin de semana en un hotel con tu amigo/a. Telefoneas al hotel. ¿Qué preguntas?

_____

2. Quieres saber cuánto cuesta la habitación.

_____

3. Quieres saber si el uso de la piscina está incluido en el precio.

_____

3. Lee la carta de María y contesta las preguntas.

> Córdoba, 15 de julio de 2005
>
> Querido Roberto:
>
> Te escribo esta carta desde la habitación de mi hotel en Córdoba. Mis amigos y yo estamos de viaje por Andalucía.
>
> El hotel es estupendo, tiene de todo: restaurante, piscina, pistas de tenis... y unas vistas preciosas.
>
> Mañana vamos de excursión por el barrio judío y visitamos la Mezquita.
>
> Al día siguiente vamos a Sevilla, y el último día tenemos una cena de despedida en el restaurante del hotel.
>
> Nos vemos a la vuelta.
> Besos.
>
> María

1. ¿En qué ciudad está María?

_____

2. ¿Qué opina María del hotel?

_____

3. ¿Qué instalaciones tiene el hotel?

_____

4. ¿Qué monumento histórico van a visitar en Córdoba?

_____

5. ¿Qué otra ciudad piensan visitar?

_____

6. ¿Qué plan tienen para la última noche?

_____

4

Practica más 2

Unidades 3 y 4

1. Relaciona.

1. ¿Dónde trabaja Héctor?   `c`
2. ¿A qué hora se levanta María? ☐
3. ¿Por qué te levantas temprano? ☐
4. ¿A qué se dedica Lucía? ☐
5. ¿Qué desayuna David? ☐
6. ¿Qué hacen ustedes después de comer? ☐
7. ¿Veis la tele por la tarde? ☐

a. A las siete.

b. Un café con leche y un bollo.

c. En un hospital.

d. Dormimos la siesta.

e. Porque hago gimnasia antes de desayunar.

f. No, sólo por la noche.

g. Es secretaria.

2. Escribe la forma correspondiente.

1. Acostarse, él *se acuesta.*
2. Empezar, yo _____
3. Volver, tú _____
4. Levantarse, yo _____
5. Sentarse, Vd. _____
6. Ir, nosotros _____
7. Venir, yo _____
8. Salir, yo _____
9. Volver, nosotros _____
10. Ir, él _____
11. Empezar, ellos _____
12. Acostarse, yo _____
13. Dormir, ella _____
14. Venir, Vd. _____
15. Sentarse, yo _____
16. Ducharse, ellos _____
17. Volver, yo _____

3. Completa con el verbo entre paréntesis en la forma adecuada.

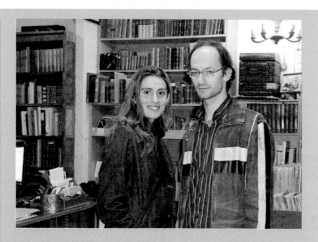

Elena y Alberto (vivir) (1) *viven* en Barcelona. Alberto (ser) (2)_____ informático y trabaja en un banco. (Levantarse) (3)_____ a las siete de la mañana, (desayunar) (4)_____ y (salir) (5)_____ de casa a las siete y media. (Ir) (6)_____ a su trabajo en metro. Su mujer (levantarse) (7)_____ a las 8 y (empezar) (8)_____ a trabajar a las 9. (Ir) (9)_____ en coche porque la oficina está lejos de su casa. Alberto (comer) (10)_____ en un restaurante y por la tarde (ir) (11)_____ a un gimnasio. Elena (salir) (12)_____ de trabajar a las cinco y (volver) (13)_____ a casa. Los martes y jueves (practicar) (14)_____ yoga. A las nueve y media (cenar, ellos) (15)_____ juntos, (ver) (16)_____ un poco la tele y (acostarse) (17)_____ .

4. Completa con las preposiciones.

de (x 3) – a (x 4) – en (x 2) – hasta

Raquel se levanta todos los días (1) *a* las 8 (2)_____ la mañana, toma un desayuno rápido y sale (3)_____ casa (4)_____ las 8.30. Va a la oficina (5)_____ autobús. Sólo trabaja media jornada, (6)_____ 9 (7)_____ 3. Vuelve a casa (8)_____ el coche de un compañero. Llega (9)_____ las 3.30, come y duerme la siesta (10)_____ las 5.

5. Completa las frases con información verdadera.

1. Los días laborables yo me levanto _____ y desayuno _____ .

2. Los sábados me levanto _____ y desayuno _____ .

3. A mediodía como en _____ con _____ .

4. Por la tarde _____ .

5. Ceno a las _____ con _____ y (no) veo la tele hasta _____ .

6. Relaciona.

1. ¿Cuántos dormitorios tiene tu casa? [g]
2. ¿Tienes jardín? [ ]
3. ¿Dónde está el ordenador? [ ]
4. ¿En qué piso vives? [ ]
5. ¿Dónde están los niños? [ ]
6. ¿Hay mucha gente en el cine? [ ]
7. ¿Qué estudias? [ ]
8. ¿Tienen habitaciones libres? [ ]

a. Sí, delante de la casa.
b. En el dormitorio.
c. Están arriba, jugando.
d. Medicina.
e. En el tercero izquierda.
f. Sí, claro, ¿cuántas necesita?
g. Tres.
h. No, hoy no hay mucha.

7. Completa la tabla.

1. el secretario	la secretaria
2. el _____	la dependienta
3. _____	la presidenta
4. el recepcionista	_____
5. el cocinero	_____
6. _____	la médica
7. el estudiante	_____
8. el _____	la periodista

8. Forma la preguntas.

¿Dónde / hay / está / están

el ~~cuarto de baño~~? – un supermercado? la parada del autobús n.º 5? una silla para sentarme? – la casa de Miguel? una estación de metro? – los libros de Julia?

¿Dónde está el cuarto de baño?

_____
_____
_____
_____
_____
_____

3
4

9. Completa con las palabras del recuadro.

reserva – habitación – doble – por noche habitaciones libres – precio

– Hotel Medina. ¿Dígame?
– Hola, buenos días, ¿puede decirme si tiene _____ para Semana Santa?
– Sí, ¿qué desea, _____ o individual?
– Dos individuales, si es posible, pero ¿qué _____ tienen?
– Son 60 euros _____ y por _____ .
– Muy bien, quiero hacer la _____ .

5

A. Comer fuera de casa

1. Mira los dibujos y escribe las comidas favoritas de Amalia y Juan.

Amalia:

1. *judías verdes*
2. _____
3. _____
4. _____
5. _____

Juan:

1. _____
2. _____
3. _____
4. _____
5. _____

2. Localiza la palabra que no pertenece a su grupo.

1. sopa, gazpacho, *merluza*, ensalada.

2. escalope, chuletas, pescado, flan.

3. arroz con leche, judías, fruta, helado.

4. espárragos, vino, cerveza, agua.

5. plátano, naranja, manzana, escalope.

3. Ordena las siguientes frases. Después utilízalas para completar la conversación en el restaurante.

1. postre / de / fruta del tiempo / dos / los / para.
   De postre fruta del tiempo para los dos.

2. quiero / de / yo / primero / sopa de fideos.
   _____

3. merluza / segundo / quiero / de.
   _____

4. ensalada / yo / y.
   _____

5. yo / pues / pollo asado.
   _____

6. agua / beber / para / por favor.
   _____

CAMARERO:	Buenas, ¿qué van a tomar de primero?
JORGE:	_____
ANA:	_____
CAMARERO:	¿Y de segundo?
JORGE:	_____
ANA:	_____
CAMARERO:	¿Qué quieren para beber?
JORGE:	_____
CAMARERO:	¿Y de postre?
ANA:	_____
CAMARERO:	Gracias, señores.

1. Observa las habitaciones de Carmen y de Pablo. ¿Qué actividades les gusta realizar en su tiempo libre?

> esquiar – escuchar música clásica
> escuchar rock – montar en bicicleta
> navergar por Internet – ver la televisión
> hacer fotos – estar con animales – leer
> cuidar las plantas – ir al cine

Carmen

Pablo

1. A Carmen le gusta la música clásica.
2. A Pablo _____
3. A los dos _____
4. _____
5. _____
6. _____
7. _____
8. _____
9. _____
10. _____

2. ¿Qué aficiones compartes y no compartes con Pablo y Carmen?

1. A mí _____
2. A mí no _____
3. _____
4. _____

3. Ordena las siguientes preguntas. Después, contéstalas.

1. ¿a tus amigos / gusta / informática / les / la?
   ¿A tus amigos les gusta la informática?
   Sí, les gusta mucho. / No, no les gusta.

2. ¿ciclismo / a ti y a tu compañero / gusta / os / el?
   _____
   _____

3. ¿animales / te / los / gustan?
   _____
   _____

4. ¿ver / le / televisión / gusta / la / a tu amigo?
   _____
   _____

5. ¿el / terror / gusta / te / cine / de?
   _____
   _____

6. ¿paella / te / la / gusta?
   _____
   _____

5

C. Receta del Caribe

1. Completa la tabla con el imperativo de los verbos.

INFINITIVO	IMPERATIVO	
	tú	usted
Hablar	*habla*	*hable*
Trabajar	_____	_____
Comer	_____	_____
Abrir	_____	_____
Beber	_____	_____

2. Completa la receta con el imperativo de los verbos del recuadro.

añadir – ~~lavar~~ – servir – mezclar – cortar

5

ENSALADA MEDITERRÁNEA

Ingredientes
- Una lechuga.
- Dos tomates.
- Una cebolla pequeña.
- Una lata de atún.
- Aceite, vinagre y sal.

1. *Lava* la lechuga y los tomates.
2. _____ las verduras en trozos pequeños.
3. _____ el atún a las verduras troceadas.
4. _____ el aceite, el vinagre y la sal en una taza.
5. _____ la ensalada mezclada con el aliño anterior.

3. Completa las frases con el imperativo de los siguientes verbos entre paréntesis.

Aprender a cocinar puede ser fácil y divertido, pero recuerda siempre los siguientes consejos:

1. *Prepara* (preparar) todos los ingredientes, antes de empezar.

2. _____ (comprar) siempre productos de primera calidad.

3. _____ (elaborar) siempre un menú equilibrado.

4. _____ (usar) siempre aceite de oliva.

5. _____ (añadir) algún detalle imaginativo a tus platos.

6. _____ (recoger) bien la cocina, una vez terminado tu trabajo.

4. Elabora la receta de tu propia ensalada.

NOMBRE DE LA RECETA

_____

Ingredientes

_____
_____
_____
_____
_____

Elaboración de la receta

_____
_____
_____
_____
_____
_____
_____
_____

LEER

5. Lee el siguiente texto y contesta las preguntas.

LA DIETA MEDITERRÁNEA

¿En qué se basa esta cultura gastronómica? Se basa fundamentalmente en el aceite de oliva, el pan y el vino. Con estos productos básicos se alimentan los pueblos mediterráneos desde hace más de cinco mil años.

Los países mediterráneos consumen como grasa principal el aceite de oliva, que favorece la disminución del colesterol. También consumen gran cantidad de pescados azules, legumbres y frutas, y menos carne. Las primeras investigaciones sobre esta dieta se centran en Grecia y en España, donde se estudian las características de su cocina, sus ingredientes, técnicas de cocción, etc., y se llega a la conclusión de que la dieta de estos países es la ideal para mantener una buena salud.

5

1. ¿Cuáles son alimentos básicos de la dieta mediterránea?

_____

2. ¿Desde cuándo utilizan estos alimentos los pueblos mediterráneos?

_____

3. ¿Por qué es bueno para la salud el aceite de oliva?

_____

4. ¿Qué alimentos sustituyen a la carne en la dieta mediterránea?

_____

5. ¿En qué países se basan las primeras investigaciones sobre esta dieta?

_____

A. ¿Cómo se va a Plaza de España?

1. Completa los diálogos con los verbos del recuadro en el tiempo adecuado.

> cambiar – coger – ~~ir~~ – bajar

1. A. Perdona, ¿cómo se *va* de Moncloa a Ventas?
   B. Mira, _____ la línea 3 en dirección Legazpi, te _____ en la primera estación, Argüelles, y allí _____ a la línea 4.

2. A. Perdone, ¿cómo _____ de Sol a Nuevos Ministerios?
   B. _____ la línea 2 en dirección Cuatro Caminos, allí _____ a la línea 6, es la primera estación

3. A. Perdona, cómo se _____ de Goya a Argüelles?
   B. Es muy fácil, _____ la línea 4 y te _____ en la última estación.

2. Completa con las siguientes preposiciones.

> a (al) – de (del) – en – desde – hasta

1. Las estaciones *de* metro abren *a* las 6 _____ la mañana.

2. Quiero un billete _____ diez viajes.

3. ¿Cómo se va _____ la plaza Mayor?

4. _____ Argüelles _____ Metropolitano hay tres estaciones.

5. Yo voy _____ casa _____ trabajo _____ metro.

6. Maribel va _____ su trabajo _____ coche.

7. Luis, ¿puedes venir _____ mi oficina, por favor?

8. Mis vecinos salen _____ su casa _____ las 7.

3. Escucha la conversación y señala verdadero (V) o falso (F). **40**

1. Beatriz está en su hotel. ☐

2. Marta trabaja lejos de la plaza de España. ☐

3. Marta espera a Beatriz en su trabajo. ☐

4. Escucha otra vez y marca en el plano el recorrido del que están hablando. **40**

6

B. Cierra la ventana, por favor

1. Relaciona.

1. Pon
2. Habla
3. Ven
4. Haz
5. Cierra
6. Pide
7. Enciende

a. más despacio
b. la cuenta
c. la luz
d. la puerta
e. los ejercicios
f. aquí
g. la televisión

2. Transforma las frases anteriores.

1. *¿Puedes poner la televisión?*
2. _____
3. _____
4. _____
5. _____
6. _____
7. _____

3. Completa la tabla.

INFINITIVO	PRESENTE	IMPERATIVO
cerrar	cierro	¡cierra!
empezar	_____	_____
encender	_____	_____
seguir	sigo	¡sigue!
pedir	_____	_____
guardar	guardo	_____

4. Forma el imperativo.

1. Cerrar / el libro.
   Cierra el libro.

2. Empezar / a trabajar.
   _____

3. Encender / el ordenador.
   _____

4. Christian / sentarse allí.
   _____

5. Seguir / por aquí (Vd.).
   _____

6. Pedir / dinero / a tus padres.
   _____

7. Acostarse / pronto.
   _____

8. Levantarse ya / son las diez.
   _____

9. Darme / un vaso de agua.
   _____

10. Dejarme / tu coche.
    _____

11. Darme / su pasaporte (Vd.).
    _____

5. Jaime tiene que ordenar la habitación. Escribe las instrucciones que le da su madre.

Guardar la ropa limpia en el armario.
Poner la ropa sucia en la lavadora.
Hacer la cama.
Colocar los libros en la estantería.
Poner los CD en su sitio.

1. *Guarda la ropa limpia en el armario.*
2. _____
3. _____
4. _____
5. _____

6

c. Mi barrio es tranquilo

1. Escribe la letra adecuada.

A **B** **C** **D**

1. Está al lado del cuaderno gris grande y es de otro color. | A |

2. Está a la izquierda de otro cuaderno que también es pequeño. | |

3. Es grande y está entre un cuaderno grande y uno pequeño. | |

4. Es blanco y está a la derecha de un cuaderno gris. | |

2. Completa con *es / está*.

Rosa: ¿Tu piso (1) *es* grande?

Andrés: No, sólo tiene 40 m², (2)_____ muy pequeño, pero me gusta porque (3)_____ en un barrio muy céntrico.

Rosa: ¿(4)_____ cerca del trabajo?

Andrés: Sí, muy cerca. Sólo tiene un problema: que mi calle (5)_____ muy ruidosa y no duermo bien por las noches. ¿Y tu piso, cómo (6)_____?

Rosa: Pues (7)_____ muy tranquilo y tiene mucha luz, me encanta. Pero tengo un problema, que (8)_____ muy lejos del trabajo. Tardo casi una hora en llegar todos los días.

3. Escribe el adjetivo contrario.

1. largo   *corto*
2. rápido   _____
3. alto   _____
4. grande   _____
5. fácil   _____
6. ruidoso   _____

4. De estas frases sólo dos son correctas. Busca los errores en las frases incorrectas.

1. Salamanca *está* una ciudad muy bonita, tiene muchos monumentos importantes. *Es.*
2. Mi casa es en un barrio muy tranquilo. _____
3. Este problema de matemáticas es muy difícil. _____
4. Roberto está rubio, delgado y bastante alto, está ahora en el colegio. _____
5. Fumar está malo para la salud. _____
6. Esa estación de metro es al lado de mi casa y la parada del autobús está enfrente. _____
7. Los alumnos son en la clase de historia. _____
8. ¿Está cerca de aquí la estación del metro? _____
9. Estos ejercicios no son bien. _____

5. Relaciona

	tren	puerto
	avión	aeropuerto
	barco	parada
	taxi	estación

6

6. Haz la encuesta.

1. ¿Qué medio de transporte utilizas normalmente?

a. metro ☐
b. autobús ☐
c. coche ☐
d. otro ☐

2. ¿Cuánto dinero gastas aproximadamente en transporte durante un mes?

a. 5-10 € ☐
b. 11-20 € ☐
c. más de 21 € ☐

3. ¿Qué medio de transporte prefieres para hacer viajes largos?

a. avión ☐
b. coche ☐
c. tren ☐
d. barco ☐

4. ¿Crees que el transporte público es…?

a. barato ☐
b. sucio ☐
c. cómodo ☐
d. rápido ☐

5. ¿Cuántos kilómetros andas al día aproximadamente?

a. 0-1 km ☐
b. 2-4 km ☐
c. 5-7 km ☐
d. más de 7 km ☐

7. Completa el texto con estas palabras.

> ritmos – cultura – cantantes – baila
> salsa – canciones – popular

La música es un elemento muy importante de la (1) *cultura* hispanoamericana. En América se mezclan los (2)_____ indígenas con los africanos y con los que llevaron los españoles. Además del *tango*, la *ranchera* o la (3)_____ , son famosos el *merengue*, la *cumbia*, el *bolero* y, sobre todo, la *bachata*, que se (4)_____ en la República Dominicana y en muchos otros lugares del mundo. La *bachata* apareció en los pueblos pero en los años 70 se hizo también muy (5)_____ en las ciudades.
Los temas de estas (6)_____ hablan casi siempre de amor y se acompañan de instrumentos de cuerda y percusión. Uno de los (7)_____ más famosos es Juan Luis Guerra.

8. Después de corregir el texto, contesta verdadero (V) o falso (F).

1. El tango, la salsa y el flamenco son ritmos típicos de Hispanoamérica. ☐

2. La bachata nació en las ciudades. ☐

3. Las canciones de bachata suelen tratar de amor. ☐

4. La bachata se toca sólo con un instrumento. ☐

6

Practica más 3

Unidades 5 y 6

1. Busca en esta sopa de letras el nombre de los alimentos.

P	E	H	U	E	V	O	R	Q
L	I	M	O	N	M	Y	P	U
A	G	U	H	C	E	L	O	E
T	O	M	A	T	E	B	L	S
A	P	A	T	A	T	A	L	O
N	A	R	A	N	J	A	O	Z
O	P	J	A	M	O	N	R	X

2. Relaciona estos ingredientes con su plato.

1. arroz   a. flan
2. huevo   b. gazpacho
3. fideos   c. tortilla
4. lechuga   d. ensalada
5. tomate   e. sopa
6. patatas   f. paella
7. leche
8. aceite

3. Escribe debajo el nombre de la actividad.

jugar al fútbol

4. Mira la tabla y escribe las frases correspondientes.

	Ana	Raúl
El cine	V	V
Ir de compras	V	X
La música clásica	X	V
Nadar	X	V
Leer	V	V
Andar	X	V
Viajar	V	V
Bailar	V	V
Los ordenadores	V	X
Las motos	X	X
Las plantas	X	V
El fútbol	X	V

1. *A Ana y Raúl les gusta el cine.*
2. *A Ana le gusta ir de compras, pero a Raúl no.*
3. _____ .
4. _____ .
5. _____ .
6. _____ .
7. _____ .
8. *A los dos* _____ .
9. _____ .
10. _____ .
11. _____ .
12. _____ .

5. ¿Qué verbos son regulares y cuáles irregulares? Escribe el imperativo (tú) de cada uno.

> terminar – empezar – hablar – abrir – venir
> hacer – mirar – pasar – poner
> cerrar – coger – dar – tomar – escribir
> sentarse – comer – decir – volver

Verbos regulares	**Verbos irregulares**
infinitivo / imperativo	infinitivo / imperativo
Terminar / termina	*Empezar / empieza*

6. Escribe otra vez el párrafo siguiente, pero con los adjetivos y adverbios contrarios.

Yo vivo en una ciudad muy grande y ruidosa. Los edificios son muy modernos y altos. Las calles son anchas y hay muchos coches. El piso donde vivo es pequeño, y el alquiler caro, porque está cerca del centro. Hay muchas tiendas, pero son caras para mí.

Yo vivo en una ciudad muy pequeña _____
_____
_____
_____
_____

7. Completa con el verbo *ser* o *estar*.

1. Mi calle *es* ancha y larga.
2. El piso de Enrique no me gusta porque _____ pequeño y _____ muy lejos del centro.
3. Estos pisos _____ demasiado caros.
4. La casa de mi abuela _____ en el barrio antiguo de Barcelona.
5. Comer verduras y pescado _____ muy bueno para la salud.
6. A. Alberto, estos problemas _____ mal.
   B. Es que _____ muy difíciles.
7. A. Hola, Alicia, ¿qué tal _____?
   B. Bien, gracias.
8. La parada del autobús _____ enfrente de mi casa.
9. Mis vecinos _____ de Venezuela.
10. Rodolfo _____ en Caracas de vacaciones.
11. Este ejercicio no _____ bien.
12. Este libro _____ muy bueno.

8. Relaciona.

1. ¿Te gusta la carne?   **e**
2. ¿Qué quieren de primero? ☐
3. ¿Y de postre? ☐
4. ¿Qué haces los domingos? ☐
5. ¿Puedes venir un momento? ☐
6. Siéntese, por favor ☐
7. ¿Qué quieren beber? ☐
8. ¿Os gusta el cine? ☐

a. Un flan, por favor.
b. Voy a bailar.
c. Vino tinto y agua.
d. A mí sí, pero a él no.
e. No mucho, prefiero el pescado.
f. Sí, ahora voy.
g. Gracias.
h. Sopa de pescado y ensalada.

7

A. ¿Dónde quedamos?

1. Ordena las siguientes conversaciones. Después escucha y comprueba. 41 🔘

1.

MARÍA: ¿A qué hora te viene bien?

RICARDO: De acuerdo. ¡Hasta mañana!

MARÍA: No, mejor a las seis y media.

RICARDO: Lo siento, hoy no puedo, tengo que ir de compras con mi hermano. ¿Te parece bien mañana?

MARÍA: ¿Por qué no vamos a tomar algo después de trabajar?

RICARDO: ¿A las seis?

MARÍA: *¿Por qué no vamos a tomar algo después de trabajar?*

_____

_____

_____

_____

_____

2.

DANIEL: ¿Y si nos tomamos un café antes?

CARMEN: No puedo, lo siento, voy a cenar con unos amigos.

DANIEL: Estupendo. Nos vemos allí a las cinco.

CARMEN: Bueno, de acuerdo. ¿Vamos al Café Central?

DANIEL: ¿Vamos al cine esta noche?

_____

_____

_____

_____

2. Imagínate que eres Ricardo o Carmen. Escribe diferentes razones por las que no puedes quedar para salir.

_____

_____

_____

_____

ESCUCHAR

3. Carolina y Pedro están en Radio Centro hablando sobre sus espectáculos favoritos. Escucha sus comentarios y di si las frases siguientes son verdaderas o falsas. 42 🔘

1. A Pedro le gusta ir a los conciertos de rock. ☑ V

2. A Carolina le gusta la música moderna. ☐

3. No les gusta volver a casa andando. ☐

4. A Pedro le gustan los espectáculos musicales. ☐

5. A Carolina no le gusta la ópera. ☐

6. A ellos no les gusta ir al cine. ☐

4. Relaciona cada pregunta con su respuesta.

1. ¿Y el domingo? ☐
2. Entonces, ¡hasta el domingo! ¿de acuerdo? ☐
3. ¿A qué hora quedamos? ☐
4. ¿Está Enrique? ☐
5. Vale. ¿Vamos en mi coche o en el tuyo? ☐
6. Soy Pilar. Te llamaba para ver si vienes este fin de semana a la sierra. ¿Qué te parece el sábado? d

a. Pues, podemos quedar a las 11.
b. Sí, soy yo.
c. Podemos ir en el mío.
d. No, ese día no puedo. Viene mi hermano a comer a casa.
e. De acuerdo, nos vemos el domingo.
f. Sí, ese día me viene bien.

5. Escribe las preguntas para las siguientes respuestas.

1. *¿Está Pilar?*
   No, Pilar no está. Está trabajando.

2. _____
   Puedes llamarla a las 3 de la tarde.

3. _____
   Lo siento, mañana no puedo ir al cine. Tengo que estudiar.

4. _____
   No, las seis es un poco pronto; mejor a las ocho.

5. _____
   (Quedamos) a las cinco.

6. _____
   (Quedamos) en la puerta de mi casa.

6. Lee el siguiente texto y di si las frases siguientes son verdaderas o falsas.

LA NOCHE MADRILEÑA

Cerca de la Puerta del Sol nos encontramos con una de las zonas más populares de Madrid: la plaza de Santa Ana y la calle de las Huertas. Barrio de escritores como Cervantes, Lope de Vega o Quevedo, es en la actualidad una zona en la que se pueden encontrar al mismo tiempo teatros, cervecerías, bares de tapas, restaurantes y locales de copas, que están abiertos hasta altas horas de la noche.

Su ambiente es una mezcla de edades y procedencias, y es una buena opción si lo que quieres es disfrutar de la noche madrileña.

La plaza de Santa Ana es el punto de encuentro de gran cantidad de personas que luego se reparten por la Calle de las Huertas y alrededores.

7

1. La Puerta del Sol está en Madrid. ☐
2. El barrio donde vivió Cervantes está cerca de la Puerta del Sol. ☐
3. Cervantes, Lope de Vega y Quevedo no vivieron en la misma ciudad. ☐
4. No hay restaurantes en la calle de las Huertas. ☐
5. En esta zona de Madrid se reúnen personas mayores y jóvenes. ☐
6. La gente queda a menudo en la plaza de Santa Ana. ☐

B. ¿Qué estás haciendo?

1. Mira el cuadro de *Las meninas*. ¿Qué están haciendo los personajes?

1. Velázquez *está pintando* (pintar).
2. Las meninas _____ (jugar) con la princesa.
3. La princesa _____ (mirar) al perro.
4. El perro _____ (descansar).
5. Los reyes _____ (ver) la escena.
6. Un hombre _____ (salir) de la habitación.

2. Subraya la forma apropiada del verbo.

1. Soy vegetariano. No *como* / *estoy comiendo* carne.
2. ¿Dónde está Juan? *Hace* / *Está haciendo* la comida.
3. ¿Qué libro *lees* / *estás leyendo* ahora?
4. Todas las mañanas *hago* / *estoy haciendo* deporte.
5. No te entiendo, no *hablo* / *estoy hablando* francés.
6. ¿Cuántas horas *duermes* / *estás durmiendo* todos los días?
7. ¿Qué clase de música *te gusta* / *te está gustando* más?
8. No podemos verlo. *Trabaja* / *Está trabajando* en este momento.

3. Completa el texto con la forma correcta del verbo (presente o *estar* + gerundio).

Pepa (1) *vive* (vivir) en Badajoz, España, pero en este momento (2)_____ (pasar) unos días en Barcelona con unos amigos. Esta semana Pepa y sus amigos (3)_____ (visitar) los monumentos más importantes de la ciudad. Hoy, como hace buen tiempo, sus amigos (4)_____ (bañarse) en la playa. Barcelona (5)_____ (tener) unas playas preciosas, pero a Pepa no (6)_____ (gustar) la playa. Ella y su amiga Lara (7)_____ (ver) el museo Picasso. Luego, por las noches todos juntos (8)_____ (cenar) en algún restaurante del puerto.

4. Pon las palabras en el orden correcto.

1. para / me / un / preparando / examen / estoy.
   Me estoy preparando para un examen.

2. ¿haciendo / qué / ahora / estás?
   _____

3. un / comiendo / bocadillo / están.
   _____

4. haciendo / cena / estamos / la.
   _____

5. está / marido / trabajando / mi.
   _____

6. semana / mucho / esta / lloviendo / está.
   _____

7. están / partido / mis / viendo / amigos / tenis / un / de.
   _____

7

5. ¿Qué están haciendo? Utiliza la forma correcta del verbo con el pronombre reflexivo correspondiente.

1. María / lavarse / la cara.
   María se está lavando la cara.

2. Luis / afeitarse.
   _____

3. Mi hermano / ducharse.
   _____

4. (yo) / peinarse.
   _____

5. Susana y Rosa / pintarse los labios.
   _____

6. Miguel / bañarse.
   _____

7. Mi hijo / peinarse.
   _____

C. ¿cómo es?

1. ¿Son verdaderas o falsas estas frases sobre el cuadro *Las meninas* de Velázquez?

1. El pintor tiene el pelo corto. ☐ F
2. La infanta lleva gafas. ☐
3. Las meninas son rubias. ☐
4. Las meninas son jóvenes. ☐
5. El pintor tiene barba y bigote. ☐
6. El pintor es calvo. ☐
7. La infanta es alta. ☐

2. Describe, utilizando las palabras del recuadro, a los siguientes personajes del cuadro.

> pelo largo – pelo rubio – barba
> pelo moreno – bigote – gafas
> joven – jóvenes – mayor – alto

Velázquez _____
   _____
   _____

La infanta Margarita _____
   _____
   _____

Las meninas _____
   _____
   _____

3. Escribe los contrarios.

1. tacaño   _____
2. _____   hablador
3. simpático   _____
4. serio   _____
5. _____   educado

4. ¿Qué te parecen estos personajes? Utiliza los adjetivos del ejercicio anterior.

El hombre: _____
   _____

La mujer: _____
   _____

7

A. De vacaciones

1. Relaciona las preguntas con las respuestas.

1. ¿Para qué vas a correos?   [e]
2. ¿Para qué vas a la farmacia?   [ ]
3. ¿Para qué vas a la estación?   [ ]
4. ¿Para qué vas al estanco?   [ ]
5. ¿Para qué vas al mercado?   [ ]
6. ¿Para qué vas al quiosco?   [ ]

a. Para comprar medicinas.
b. Para comprar el periódico.
c. Para coger el tren.
d. Para comprar carne y pescado.
e. Para enviar una carta.
f. Para comprar sellos.

2. Mira el plano de calles y completa las conversaciones.

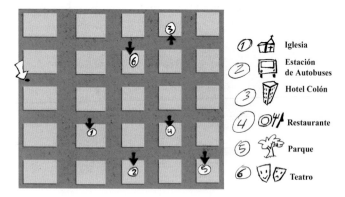

① 🏛 Iglesia
② 🚌 Estación de Autobuses
③ 🏢 Hotel Colón
④ 🍴 Restaurante
⑤ 🌴 Parque
⑥ 🎭 Teatro

1. A. Por favor, ¿para ir a la iglesia?
   B. Gire la primera a la derecha y después tome la _____ .

2. A. ¿Puede decirme cómo se va a la estación de autobuses, por favor?
   B. Siga todo recto y tome _____ y después gire por la segunda a la izquierda.

3. A. ¿El hotel Colón, por favor?
   B. Siga recto y tome _____ y
   _____ .

3. Escribe tres conversaciones más como las del ejercicio 2.

1. A quiere ir a un parque.
   A. _____
   B. _____
   _____

2. A quiere ir al teatro.
   A. _____
   B. _____
   _____

3. A quiere ir a un restaurante.
   A. _____
   B. _____
   _____

4. Completa las frases con las preposiciones del recuadro.

a (x 3) – en (x 3) – de (x 5) – hasta – al

1. Hay una farmacia *en* la calle Santa Marta.
2. Para encontrar la estación, siga _____ el final _____ la calle.
3. El cine está ___ la derecha del restaurante.
4. La iglesia _____ San Juan es un edificio muy bonito.
5. Hay un hotel _____ la primera calle _____ la izquierda.
6. _____ la puerta del Sol hay una estación _____ metro.
7. El mercado está _____ lado _____ la estación _____ tren.
8. ¿Cómo se va _____ la plaza Mayor?

5. Lee esta poesía y relaciona los dibujos con los nombres.

La plaza tiene una ,

la 🏰 tiene un 🪟,

el 🪟 tiene una 👩,

la 👩 , una blanca 🌹 .

Ha pasado un 🤺 ,

¿quién sabe por qué pasó?

y se ha llevado la plaza con su 🏰 y

su 🪟, con su 🪟 y su 👩,

su 👩 y su blanca 🌹.

Antonio Machado

a. Dama   3
b. Caballero   ☐
c. Torre   ☐
d. Balcón   ☐
e. Flor   ☐

---

1. Completa la tabla.

INFINITIVO	PRETÉRITO INDEFINIDO	
	yo	el / ella
ver	*vi*	*vio*
ir	fui	_____
_____	_____	comió
escuchar	_____	
_____	leí	_____
_____	_____	comió
empezar		
_____	estuve	_____
	jugué	
salir	_____	_____
_____	viví	_____

2. Relaciona las frases de A con las de B. Pon el verbo de A en presente y el de B en pretérito indefinido.

A. 1. Normalmente *trabajo* (trabajar) ocho horas al día, pero   c

     2. Ana, normalmente, _____ (ir) en coche al trabajo, pero   ☐

     3. Mateo _____ (ver) la televisión por las noches, pero   ☐

     4. Ana y Mateo _____ (ir) a la playa los fines de semanas, pero   ☐

     5. Normalmente _____ (llover) mucho en invierno, pero   ☐

     6. Mateo y yo normalmente _____ (hacer) camping en agosto, pero   ☐

B. a. el verano pasado _____ (estar) en un hotel.

     b. el fin de semana pasado ____(jugar) al tenis.

     c. ayer *empecé* (empezar) a las 9 de la mañana y terminé a las 9 de la noche.

     d. el año pasado _____ (nevar) mucho.

     e. ayer ____ (ir) en autobús.

     f. ayer por la noche _____(escuchar) música.

8

3. Completa la conversación con el pretérito indefinido de los verbos del recuadro.

A.   Ayer fue mi cumpleaños. ¡Ya tengo 30 años!

B.   Vaya, ¡felicidades! ¿Dónde (1) *estuviste* (estar)?

A.   (2)_____ (ir) a un restaurante italiano con mis amigos.

B.   ¿Qué (3)_____ (comer / vosotros)?

A.   Todos (4)_____ (pedir) pasta.

B.   ¿Qué tal lo (5)_____ (pasar)?

A.   Nos lo (6)_____ (pasar) muy bien y nos (7)_____ (reír) mucho. ¿Cuándo es tu cumpleaños?

B.   (8)____ (ser) ayer.

A.   ¡Anda! ¡Qué casualidad! ¡Muchas felicidades!

4. Mira la agenda de Guillermo. Ordena las preguntas y contéstalas.

J U N I O	
Miércoles	Examen de español.
Jueves	Llamar a Tomás.
Viernes	Coger el tren a las 11:30.
Sábado	Cumpleaños de María.
	Quedamos a las 5.
Domingo	Al cine con Tomás.
Lunes	Nota del examen.
Martes	Ir al gimnasio.

1. ¿por / llamó / a / teléfono / quién / jueves / el?
   _____
   _____

2. ¿cogió / qué / tren / el / día?
   _____
   _____

3. ¿hora / tren / a / salió / qué / el?
   _____
   _____

4. ¿fue / el / sábado / de / cumpleaños / quién / el?
   _____
   _____

5. ¿fue / el / quién / cine / domingo / al / con?
   _____
   _____

6. ¿la / examen / nota / cuándo / del / vio?
   _____
   _____

7. ¿el / adónde / martes / fue?
   _____
   _____

C. ¿Qué tiempo hace hoy?

ESCUCHAR

1. Escucha y completa con las palabras del recuadro. **43**

> avión – más tarde – despedí – río – salieron
> estuve – después – finalmente – cogí – hice

Desde niña, siempre deseé conocer la selva. Este verano (1) *estuve* en Perú, un país maravilloso. Al día siguiente de mi llegada a Lima, (2)_____ un (3)_____ a Iquitos, preciosa ciudad tropical, como sacada de una película: los mototaxis, los mercados de fruta, las casas y el (4)_____ Amazonas.

8

(5)_____ entramos en la selva, dispuestos a pescar pirañas, bañarme en el Amazonas, comer plátano frito…

(6)_____ , paramos en un pueblo en medio de la selva. En unos segundos un montón de niños (7)_____ de sus casas y me rodearon con sus rostros sonrientes.

(8)_____ , me (9)_____ unas fotos con ellos y me (10)_____ muy contenta de llevarme un recuerdo auténtico del Amazonas.

2. Corrige las siguientes frases.

1. Al tercer día nos marchamos a Iquitos.

_____

2. En Iquitos vimos el río Paraná.

_____

3. En el Amazonas se pescan tiburones.

_____

4. En el pueblo de la selva conocimos a un grupo de jóvenes.

_____

5. No me llevé ningún recuerdo del Amazonas.

_____

3. ¿Qué tiempo hace hoy en Sudamérica?

	PERÚ	MÉXICO	ARGENTINA	BRASIL
Tiempo	Frío	Calor	Nublado	Lluvia
Temperatura	2 °C	29 °C	15 °C	17 °C

En Perú hace frío. Tienen una temperatura de dos grados centígrados.

1. _____

_____

2. _____

_____

3. _____

_____

4. Lee el siguiente anuncio de una revista de viajes y contesta las preguntas.

PREPARE SU VIAJE A MÉXICO

DATOS BÁSICOS
POBLACIÓN: unos 100 millones de habitantes.
MONEDA: el peso mexicano (1 € = 14,5 pesos).
DOCUMENTACIÓN: pasaporte.

CUÁNDO IR
Los mejores meses del año son de octubre a mayo.

CÓMO LLEGAR
Vuelos directos diarios con Iberia y Aeroméxico.

VISITAS IMPRESCINDIBLES
CIUDAD DE MÉXICO: el Museo Nacional y las pirámides de Teotihuacan.
OAXACA: ruinas de Monte Albán.
CHIAPAS: pirámides mayas.
Playas de **CANCÚN.**

Información: www.visitméxico.com

1. ¿Cuántos habitantes tiene México?

_____

2. ¿Cuántos pesos mexicanos puedes comprar con 300 €?

_____

3. Di seis buenos meses para ir a México.

_____

4. ¿Qué compañías tienen vuelo directo todos los días desde Madrid?

_____

Practica más 4

Unidades 7 y 8

1. Completa las frases con *estar* más *gerundio*.

1. Yo *estoy viendo* (*ver*) una película.
2. ¿(tú) _____ (*estudiar*)?
3. Nacho _____ (*hacer*) la comida.
4. Mi hermana y yo _____ (*preparar*) un plato vegetariano.
5. ¿(vosotros) _____ (*ver*) la tele?
6. Juan y Pedro _____ (*jugar*) al fútbol.

2. Completa el texto con el tiempo correcto de los verbos del recuadro. (Presente o *estar* + gerundio).

| enseñar – estar – hablar – gustar |
| ir – comentar – preguntar – ~~comprar~~ |

Hoy es el cumpleaños de Beatriz, y Amanda (1) *está comprando* un regalo para ella. Está en una librería y (2)_____ con el dependiente. Amanda le (3)_____ sobre libros de cine y el dependiente le (4)_____ las últimas novedades.

Amanda y Beatriz (5)_____ al cine todos los fines de semana. A la salida (6)_____ la película. A veces no (7)_____ de acuerdo porque a Amanda (8)_____ el cine de terror y a Beatriz no.

3. Completa las frases con el pretérito indefinido de los verbos del recuadro.

| viajar – volver – vivir – ganar |
| estar – irse – ~~tocar~~ |

1. A Patricia le *tocó* la lotería.

2. Ella _____ mucho dinero.

3. Ella y sus amigos _____ de viaje.

4. (Ellos) _____ en avión.

5. (Ellos) _____ en el Caribe.

6. Patricia no _____ a casa hasta un mes después.

7. Todos _____ una experiencia inolvidable.

4. Completa la entrevista con el pretérito indefinido de los verbos entre paréntesis.

TV1:   A usted le (1) *tocó* (*tocar*) la lotería el año pasado. ¿Cómo lo (2)_____ (*celebrar*)?

PATRICIA: Primero (3)_____ (*llamar*) a mi amiga Marisa.

TV1:   ¿Cómo (4)_____ (*gastar*) el dinero?

PATRICIA: Me (5)_____ (*ir*) de compras y (6)_____ (*comprar*) regalos para todos mis amigos. Y la semana siguiente la (7)_____ (*pasar*) todos en una playa del Caribe.

5. Elige el adjetivo correcto de cada pareja.

> serio/a – alegre
> tacaño/a – generoso/a
> hablador/a – callado/a
> antipático/a – simpático/a
> maleducado/a – educado/a

1. Ricardo gasta muy poco dinero. Nunca invita a sus amigos. Es un _____ .

2. Nadie quiere ser su amigo. Es muy _____ .

3. Nunca se ríe. Siempre está _____ .

4. Manuel nunca saluda por la mañana. Es un _____ .

5. Pilar no para de hablar. Es muy _____ .

6. Mira el mapa del tiempo de América del Sur y di qué tiempo hace en cada una de las capitales numeradas.

1. *En Caracas hace calor.*
2. _____
3. _____
4. _____
5. _____
6. _____

7. Encuentra los doce meses del año en esta sopa de letras.

A	M	A	R	Z	O	B	F	C	O
B	A	C	L	I	S	E	D	L	C
N	Y	Z	O	Q	B	A	A	M	T
A	O	R	T	R	A	N	G	J	U
B	P	V	E	N	E	R	O	U	B
R	S	R	I	T	F	U	S	N	R
I	O	S	V	E	X	N	T	I	E
L	N	P	R	D	M	P	O	O	T
D	I	C	I	E	M	B	R	E	F
S	E	P	T	I	E	M	B	R	E
U	A	C	J	U	L	I	O	E	H

A. ¿Cuánto cuestan estos zapatos?

1. Escucha y completa estas conversaciones. 44

1.

A. ¿Puedo ayudarla?

B. Sí, ¿(1) *cuánto* cuestan estos pendientes?

A. 20 euros.

B. ¿Y esos de ahí, los azules?

A. Esos están rebajados, (2)_____ 15 euros.

B. Me los (3)_____ .

A ¿Va a pagar en efectivo o (4)_____
_____?

B. Con tarjeta.

2.

A. Buenos días. ¿Cuánto (1)_____ la falda roja del escaparate?

B. (2)_____ 40 euros.

A. ¿Puedo (3)_____?

B. Sí, claro, los probadores están al final del pasillo.

(...)

B. ¿Qué tal le (4)_____?

A. Pues no me (5)_____ mucho, lo siento, no me la (6)_____ .

3.

A. Mira esa camiseta verde, sólo (1)_____ 10 euros.

B. Me (2)_____ más esta, ¿por qué no te la pruebas?

A. Vale... A ver... ¿Cómo me (3)_____?

B. Fenomenal.

A. ¿(4)_____ cuesta?

B. Da igual, yo te la regalo.

2. Escucha otra vez y comprueba. 44

3. Haz preguntas como en el ejemplo con los pronombres *la*, *lo*, *las*, *los*.

1. Yo no traigo el diccionario.

   ¿Tú lo traes?

2. Yo no veo esas películas.

   ¿Tú _____?

3. Yo no compro esos libros.

   ¿Tú _____?

4. Yo no conozco a la tía de David.

    ¿Tú _____?

5. Yo no leo el periódico.

    ¿Tú _____?

6. Yo no uso el ordenador de la escuela.

    ¿Tú _____?

4. Completa las frases.

1. Est*e* vestido es muy cort___ .

2. Es_____ clase es pequeñ___ .

3. Es___ coches son nuev___ .

4. Aquell_____ chicas están cansad___ .

5. ¿Cuánto cuesta est___ falda roj___?

6. ¿De quién es est___ libro?

7. A. ¿Es___ botas son car___?

    B. Sí, pero mira, aquell___ son más barat___ .

5. Completa las frases con los pronombres del recuadro.

> ~~me~~ – te – lo (x 2) – la – os (x 2)
> nos – los – las

1. ¿Por qué no *me* escuchas?

2. Allí está María, ¿____ ves?

3. ¿Dónde están mis zapatos?, no ____ veo.

4. A. ¿Conoces al profesor nuevo?

    B. No ____ conozco.

5. A. ¿Dónde están los niños?

    B. No ____ sé.

6. ¿Venís a la cafetería?, yo ____ invito.

7. Isabel, ____ (a ti) espero en la puerta del cine.

8. A. ¿_____ (a nosotros) invitas a tu cumpleaños?

    B. Sí, ____ espero a las 7.

9. A. ¿Cómo están tus hermanas?

    B. Muy bien, ____ vi ayer.

B. Mi novio lleva corbata

1. Busca el nombre de esta ropa en la sopa de letras.

R	W	J	E	R	S	E	Y	P	O
R	P	O	Y	N	B	N	S	A	Z
E	C	V	B	E	R	T	D	N	M
A	S	C	A	M	I	S	E	T	A
S	O	P	B	F	A	L	D	A	N
I	T	V	M	S	W	C	X	L	X
M	A	X	A	B	R	I	G	O	M
A	P	X	W	E	T	R	Y	N	U
C	A	L	C	E	T	I	N	E	S
B	Z	B	R	E	T	G	H	S	M

9

2. Completa.

En el departamento de objetos
perdidos de estos grandes almacenes tenemos:

1. un moneder__ marrón,

2. una carpet__ negr__,

3. unos guantes gris__ __,

4. unas gaf__ __ roj__ __, muy modern__ __,

5. una pelot__ amarill__ .

6. unos bolígrafos azul__ __.

También tenemos:

7. un paraguas ros__,

8. unos calcetines verd__ __ y

9. una bufand__ naranj__.

1. Escribe una frase con el mismo significado.

1. Estos vaqueros son más caros que aquellos.
Aquellos vaqueros son más baratos que estos.

2. Juanjo es mayor que yo.
_____

3. El coche de Ramón es peor que el de Miguel.
_____

4. El sillón es más cómodo que la silla.
_____

5. Lleva la falda más larga que el abrigo.
_____

6. Raquel tiene menos libros que nosotras.
_____

2. Completa este texto utilizando los comparativos
del recuadro.

tan – mayor – tanta
~~mejor~~ – más (x 3)

¿Dónde te gusta ir de vacaciones?

ÁNGEL: Es (1) *mejor* ir a la playa que a la
montaña.

SUSANA: ¿Por qué? Yo prefiero la montaña, así las
vacaciones son (2)_____
tranquilas, no hay (3)_____ gente
como en la playa.

ÁNGEL: Sí, en la montaña hay (4)_____
gente pero también es mucho
(5)_____ aburrido. ¿Adónde vas
por las noches? ¿Y qué haces durante el
día? No hay nada (6)_____ relajante
como tumbarse un día entero al sol y
bañarse en el mar de vez en cuando.

SUSANA: Dormir poco y tomar mucho el sol es
muy malo para la piel. ¿Sabes?, creo que
por eso tú pareces mucho (7)_____
que yo. Mira, no tengo ni una arruga.

9

3. ¿Dónde prefieres ir tú de vacaciones? Escribe unas líneas y explica qué razones tienes.

A mí me gusta mucho ir a la playa porque…
Yo prefiero ir a la montaña…

4. Lee el texto y completa los huecos con las palabras del recuadro.

> lugar – después – ~~noroeste~~ – empezó
> la catedral – es – mirar – ambiente
> postre – hay – encontrar – que

SANTIAGO DE COMPOSTELA

Santiago de Compostela, capital de la comunidad autónoma de Galicia es el final del "Camino de Santiago". Situada en el (1) *noroeste* de España, en la Edad Media fue un (2)_____ muy famoso, fue la tercera ciudad de la Cristiandad, (3)_____ de Jerusalén y Roma.
En la Plaza del Obradoiro se encuentra (4)_____, una obra maestra que se (5)_____ a construir en el siglo XII (Pórtico de la Gloria) y se reformó en el siglo XVII (fachada barroca del Obradoiro). (6)_____ un placer pasear por la parte antigua, tomar tapas y vinos, (7)_____ las tiendas de artesanía o de dulces típicos.
La ciudad tiene un (8)_____ muy animado, gracias a los turistas, y sobre todo a los estudiantes (9)_____ estudian en su famosa universidad.
Es fácil (10)_____ alojamiento en hoteles, pensiones, hostales, etc., y también (11)_____ muchas posibilidades de disfrutar la comida gallega. Los platos más típicos son el caldo gallego, el pulpo "a feira", la empanada gallega rellena de carne o pescado, los pimientos de Padrón y, de (12)_____, la rica tarta de Santiago.

9

A. La salud

1. Mira el dibujo y escribe el nombre de las distintas partes del cuerpo.

> pecho – cuello – pelo – oreja – ojos
> cara – hombro – brazo – mano – dedos
> rodilla – pie – pierna

1. *rodilla.*	8. _____
2. _____	9. _____
3. _____	10. _____
4. _____	11. _____
5. _____	12. _____
6. _____	13. _____
7. _____	

2. ¿Qué palabra no pertenece a su grupo?

1. ojos, dientes, bigote, *dedos*.

2. hombro, mano, oreja, dedos.

3. rodilla, cara, pierna, pie.

4. pie, cara, cuello, pelo.

5. brazo, pierna, pie, ojos.

6. pecho, hombro, dedos, cuello.

3. Escribe las respuestas. La número 1 es la palabra vertical.

CRUCIGRAMA

1. Oyes con ellas: _____
2. Te lo puedes afeitar: _____
3. Los usas para abrazar: _____
4. Te los lavas después de comer: _____
5. Los cierras cuando duermes: _____
6. Te las lavas antes de comer: _____
7. En ellos te pones los anillos: _____

4. Completa las siguientes frases con el verbo *doler*.

1. ¡Baja la música! A papá *le duele* la cabeza.

2. A Juan y a Carmen _____ la espalda.

3. No puedo cenar porque _____ el estómago.

4. Mi hermana va mañana al dentista porque _____ las muelas.

5. ¿Y a ti qué _____?

6. Hemos hecho mucho ejercicio y ahora
_____ las piernas.

5. Ordena la siguiente conversación entre Sonia
y Alfonso.

SONIA:	Seguro que mañana estás mejor.	☐
SONIA:	¿Estás tomando algo?	☐
SONIA:	¿Qué te pasa Alfonso? ¿Te encuentras bien?	1
SONIA:	¿Por qué no te tomas una aspirina y descansas?	☐
ALFONSO:	Sí, es lo mejor porque mañana tengo mucho trabajo.	☐
ALFONSO:	No muy bien. Tengo fiebre.	☐
ALFONSO:	No, de momento no.	☐

B. Antes salíamos con los amigos

1. Relaciona las frases de la columna *A* con las de
la columna *B* y completa con el pretérito
imperfecto.

1. Ahora trabajo en una oficina,   **d**

2. Ahora vamos al cine,   ☐

3. Ahora Juan viene los martes a clase,   ☐

4. Ahora compro el periódico,   ☐

5. Ahora me gusta la música clásica,   ☐

6. Ahora haces la comida,   ☐

a. antes _____ los jueves.

b. antes _____ la cena.

c. antes _____ revistas.

d. antes *trabajaba* en un restaurante.

e. antes _____ el rock.

f. antes _____ al teatro.

2. Completa las frases con el pretérito imperfecto
de los verbos del recuadro.

> ir – tocar – estar – ser – ~~encontrarse~~
> subir – tener

1. Ayer no fui a trabajar porque *me encontraba* mal.

2. Ana no fue a la cena porque _____
enferma.

3. Ayer, cuando _____ al cine, vi un accidente.

4. Cuando Juan _____ 18 años, se sacó el carné
de conducir.

5. Julia y Jorge, cuando _____ jóvenes, _____
el piano.

6. Me encontré con Antonio cuando _____
por las escaleras.

3. Completa la siguiente entrevista con el pretérito
imperfecto de los verbos entre paréntesis.

MARCOS CURIEL
cumple 95 años
el próximo 14
de noviembre.

10

ENTREVISTADOR: ¿Tiene amigos de su edad?
MARCOS: Tengo algunos amigos más jóvenes.
(1) *Tenía* (tener) uno de mi edad,
pero murió a los 90 años.
ENTREVISTADOR: ¿Es el mundo ahora muy diferente?
MARCOS: Todo está muy cambiado. Antes
todos nosotros (2)_____ (vivir)
muy mal y ahora todo el mundo
vive mejor.
ENTREVISTADOR: Cuando (3)____ (ser) niño no
(4)_____(haber) televisión, ni
radio…

MARCOS: No, nosotros no (5)_____ (tener) nada de eso.

ENTREVISTADOR: ¿Qué es lo que más recuerda de su infancia?

MARCOS: Me acuerdo de cuando yo (6)_____ (ir) a ayudar a mi padre. Él (7)_____ (ser) barbero y (8)_____ (atender) a mucha gente.

ENTREVISTADOR: ¿Cuál es el secreto para llegar a los noventa y cinco años?

MARCOS: Cuando mi familia y yo (9)_____ (vivir) en Trujillo (10)_____ (tomar) muchos alimentos naturales, leche recién ordeñada y patatas recogidas del campo.

4. Vuelve a leer la entrevista con Carmen y contesta las preguntas.

1. ¿Cuántos años tenía su amigo cuando murió?
   _____

2. ¿Dónde vivía Marcos con su familia?
   _____

3. ¿Qué profesión tenía el padre de Marcos?
   _____

4. ¿Qué comían Marcos y su familia?
   _____

C. Voy a trabajar en un hotel

1. Relaciona las siguientes preguntas con sus respuestas.

1. ¿Para qué vas a aprender español? [c]
2. ¿Cuándo se va a casar Pedro? [ ]
3. ¿Cuántos días van a estar? [ ]
4. ¿A qué hora vamos a quedar? [ ]
5. ¿Qué carrera vas a estudiar? [ ]

a. A las ocho y media.
b. Dentro de dos meses.
c. Porque quiero viajar a España.
d. Tres o cuatro.
e. Medicina.

2. ¿Qué planes tienen los siguientes personajes para el fin de semana?

1. Juan / lavar el coche.
   Juan va a lavar el coche.

2. Yo / llamar a mis amigos.
   _____

3. Ana / cenar con Pedro.
   _____

4. María y Alberto / pintar su casa.
   _____

5. Tomás y yo / arreglar nuestras bicicletas.
   _____

6. ¿(Tú) / ir a la piscina?
   _____

7. ¿(Vosotros) / venir a comer?
   _____

3. Completa la conversación.

ROSA: ¡Hola, Pablo! Soy Rosa. ¿Qué vas a hacer este sábado?

PABLO: Tenemos un examen el lunes, y Elena (1)_____ (venir) a estudiar a mi casa.

ROSA: ¿Y el domingo?

PABLO: El domingo por la mañana Ángel y yo (2)_____ (ver) una exposición y por la tarde (3)_____ (jugar) a los bolos. ¿Te vienes?

ROSA: El domingo por la mañana yo no (4)_____ (poder) porque (5)_____ (lavar) el coche, pero nos vemos por la tarde.

PABLO: ¡Estupendo! ¡Hasta el domingo!

4. Relaciona cada país o ciudad con una actividad.   LEER

1. Estados Unidos ☑ f
2. Moscú ☐
3. Egipto ☐
4. España ☐
5. Río de Janeiro ☐
6. Kenia ☐
7. Grecia ☐

a. Oír flamenco.
b. Visitar las pirámides.
c. Pasear por la plaza Roja.
d. Bañarse en las playas de Copacabana.
e. Hacer fotos a los leones.
f. Volar sobre el Gran Cañón.
g. Conocer las islas griegas.

5. Di qué van a hacer los siguientes personajes en sus vacaciones.

1. David / Kenia.
   David va a hacer fotos a los leones.

2. Pedro / Estados Unidos.
   _____

3. Alberto y Pablo / Moscú.
   _____

4. Yo / Egipto.
   _____

5. Tú / España.
   _____

6. Mi novio / a y yo / Río de Janeiro.
   _____

7. Nosotros / Grecia.
   _____

6. Lee el texto y di si las frases siguientes son verdaderas o falsas.

¡REFORME SU CASA!

¿Necesita su casa una reforma? Todas las semanas la revista SU CASA AL DÍA va a sortear un premio de 10.000 euros entre nuestros lectores para reformar su casa y su mobiliario. Esta semana la ganadora es la señora Ruiz, que nos va a contar sus planes de reforma.

ENTREVISTADORA: ¿Qué va a hacer con el dinero, señora Ruiz?

SRA. RUIZ: Lo primero que voy a hacer es pintar toda la casa. Voy a poner distintos colores en cada habitación.

ENTREVISTADORA: ¿Qué piensa su familia?

SRA. RUIZ: Están todos de acuerdo. Ellos van a elegir el color de cada habitación.

ENTREVISTADORA: ¿Y qué va a hacer con los muebles?

SRA. RUIZ: Voy a cambiar los muebles viejos y también los electrodomésticos.

ENTREVISTADORA: ¿Va a hacer algo más?

SRA. RUIZ: Si me sobra dinero, vamos a comprar un equipo de música nuevo.

ENTREVISTADORA: Es una idea excelente. ¡Que lo disfruten, Sra. Ruiz!

1. La Sra. Ruiz va a recibir una herencia de 10.000 euros. ☑ F
2. Se va a gastar el dinero en un viaje. ☐
3. Va a pintar las paredes de colores. ☐
4. La familia no está de acuerdo con la reforma. ☐
5. Los hijos van a elegir los colores de las habitaciones. ☐
6. Con el dinero restante van a comprar una televisión. ☐

10

Practica más 5

Unidades 9 y 10

1. Sustituye el nombre por el pronombre objeto como en el ejemplo.

Dame *el libro.* / Dáme*lo.*

1. El domingo vi el partido por la televisión.
   _____ vi con mis amigos.
2. Ayer me compré unos zapatos.
   Me _____ compré en mi barrio.
3. Leí las revistas que compraste.
   _____ leí ayer por la tarde.
4. Enviaron las cartas a sus familiares.
   _____ enviaron por correo urgente.
5. Todos los días llevo corbata.
   _____ llevo para trabajar.
6. Me compré unos pantalones cortos.
   _____ compré para ir al campo.

2. Elige el adjetivo correcto de cada pareja.

```
claro/a – oscuro/a // moderno/a – antiguo/a
largo/a – corto/a // caro/a – barato/a
ancho/a – estrecho/a // grande – pequeño/a
limpio/a – sucio/a
```

1. Ese niño no sabe andar. Es muy *pequeño.*
2. No me lo puedo comprar. Es muy _____ .
3. Esa camisa azul es casi negra. Es muy _____ .
4. No tengo tiempo de limpiar. La casa está muy _____ .
5. La película duró demasiado. Fue muy _____ .
6. Mi coche no cabe en ese aparcamiento. Es muy _____ .

3. Elige la opción correcta.

Andrés es *más* alto que su hermano.
   a) que   b) más   c) tan

1. Mi coche nuevo es _____ que el antiguo.
   a) tan   b) como   c) mejor
2. Las habitaciones de Elena y Rosa son iguales. La habitación de Elena es _____ grande como la de Rosa.
   a) tan   b) que   c) más
3. La silla es _____ cómoda que el sillón.
   a) tan   b) menos   c) menor
4. Elisa es más simpática _____ su compañera.
   a) como   b) peor   c) que
5. La mesa de madera no es tan antigua _____ la de hierro.
   a) como   b) que   c) menos
6. Luis tiene tres años menos que Nacho. Nacho es _____ que Luis. Luis es _____ que Nacho.
   a) mayor   b) menor   c) como
7. Las notas de Carlos son muy malas. Son _____ que las de su hermana.
   a) mejor   b) peor   c) peores
8. La película del sábado es muy aburrida. Es _____ que la de la semana pasada.
   a) mejores   b) peor   c) peores
9. Juan tiene mucho tiempo libre. Está _____ ocupado que yo.
   a) tan   b) menos   c) como
10. Esta tienda es muy barata. Tiene _____ precios que las otras.
   a) buenos   b) mejor   c) mejores

4. Completa las tablas con el pretérito imperfecto de los verbos.

	DIBUJAR	COMER	DECIR
Yo	dibujaba	_____	_____
Tú	_____	comías	_____
Él	_____	_____	decía
Nosotros	_____	_____	_____
Vosotros	_____	_____	_____
Ellos	_____	_____	_____

	IR	SER
Yo	_____	_____
Tú	_____	_____
Él	_____	_____
Nosotros	_____	éramos
Vosotros	ibais	_____
Ellos	_____	_____

5. Completa las siguientes frases con el pretérito imperfecto de los verbos del recuadro.

> beber – conducir – ir (x 2) – venir – estar
> jugar – ser – tener – montar – salir – ~~vivir~~

1. Luis y Antonio antes *vivían* en Alemania.
2. Cuando Juan _____ pequeño _____ al colegio conmigo.
3. Nosotros antes _____ mucho café.
4. Cuando no _____ hijos, Elena y Emilio _____ mucho con sus amigos.
5. De pequeños mi hermano y yo _____ a la playa con nuestros padres.
6. Cuando mi abuelo _____ a mi casa, _____ conmigo al dominó.
7. Cuando nosotros_____ en el pueblo, _____ en bicicleta.
8. Yo _____ muy deprisa hasta que me paró la policía.

6. Ordena las preguntas y contéstalas mirando los planes de Juanjo para el próximo curso.

> **MIS PLANES PARA EL PRÓXIMO CURSO**
>
> • Conocer Argentina y Uruguay.
> • Ir al gimnasio martes y jueves.
> • Comprar un coche nuevo.
> • Vacaciones con Nieves y Lucía.
> • Fiesta de cumpleaños (28 de febrero).
> • Tenis con Miguel en la Casa de Campo.
> • Pasar la Semana Santa en Londres.

1. ¿va / Juanjo / a / qué / conocer / países?
   ¿Qué países va a conocer Juanjo?
   Juanjo va a conocer Argentina y Uruguay.

2. ¿a / amigos / al / Juanjo / y / gimnasio / cuándo / ir / van / sus?
   _____
   _____

3. ¿comprar / va / se / qué / a?
   _____
   _____

4. ¿va / pasar / quién / vacaciones / con / a / las?
   _____
   _____

5. ¿organizar / qué / va / fiesta / a / una / día?
   _____
   _____

6. ¿tenis / a / dónde / jugar / al / van / Juanjo y Miguel?
   _____
   _____

7. ¿Semana / va / a / la / Santa / pasar / dónde?
   _____
   _____

9/10

Glosario

UNIDAD 0

abrir (v.) _____
alumno/a (n.) _____
bolígrafo (n. m.) _____
buenos días _____
buenas noches _____
buenas tardes _____
compañero/a (n.) _____
completar (v.) _____
cuaderno (n. m.) _____
diccionario (n. m.) _____
empezar (v.) _____
escribir (v.) _____
escuchar (v.) _____
estudiante (n.) _____
estudiar (v.) _____
hablar (v.) _____
hola _____
lápiz (n. m.) _____
leer (v.) _____
libro (v.) _____
llamarse (v. r.) _____
mirar (v.) _____
muy bien _____
palabra (n. f.) _____
practicar (v.) _____
preguntar (v.) _____
profesor/a (n.) _____
repetir (v.) _____
responder (v.) _____
ser (v.) _____
y (conj.) _____

UNIDAD 1

ama de casa (n.) _____
actriz (n. f.) _____
bailar (v.) _____
cafetería (n. f.) _____
calle (n. f.) _____
camarero/a (n.) _____
cantante (n.) _____
cartero/a (n.) _____
casado/a (adj.)

ciclista (n.) _____
clase (n. f.) _____
comer (v.) _____
conocer (v.) _____
de (prep.) _____
dedicarse (v. r.) _____
dirección (n. f.) _____
en (prep.) _____
encantado/a (adj.) _____
escritor/a (n.) _____
escuela (n. f.) _____
este/esta (pron.) _____
flamenco (n. m.) _____
frase (n. f.) _____
futbolista (n.) _____
gimnasio (n. m.) _____
gracias (n.) _____
hospital (n. m.) _____
instituto (n. m.) _____
jugar (v.) _____
médico/a (n.) _____
ministro/a (n.) _____
mucho gusto _____
novio/a (n.) _____
nuevo/a (adj.) _____
número (n. m.) _____
peluquero/a (n.) _____
pero (conj.) _____
policía (n.) _____
presentar (v.) _____
presidente/a (n.) _____
restaurante (n. m.) _____
secretario/a (n.) _____
soltero/a (adj.) _____
taxista (n.) _____
teléfono (n. m.) _____
tener (v.) _____
torero (n.) _____
trabajar (v.) _____
urgencias (n.) _____
vivir (v.) _____

UNIDAD 2

abuelo/a (n.) _____
amigo/a (n.) _____
año (n. m.) _____
banco (n. m.) _____
casa (n. f) _____
cenar (v.) _____
chico/a (n.) _____
coche (n. m.) _____
cuadro (n. m.) _____
cuánto/a/os/as (pron.) _____
debajo (adv.) _____
delante (adv.) _____
detrás (adv.) _____
dibujar (v.) _____
encima (adv.) _____
entre (prep.) _____

familia (n. f.) _____
foto (n. f.) _____
gafas (n. f. p) _____
gato/a (n.) _____
gente (n. f.) _____
guitarra (n. f.) _____
hacer (v.) _____
hermano/a (n.) _____
hijo/a (n.) _____
hora (n. f.) _____
horario (n. m.) _____
hotel (n. m.) _____
madre (n. f.) _____
mapa (n. m.) _____
más (adv.) _____
mesa (n. f.) _____
mi/mis (adj.) _____
minuto (n. m.) _____
mujer (n. f.) _____
ordenador (n. m.) _____
padre (n. m.) _____
país (n. m.) _____
paraguas (n. m.) _____
pequeño/a (adj.) _____
por (prep.) _____
primo/a (n.) _____
reloj (n. m.) _____
segundo (adj.) _____
semana (n. f.) _____
silla (n. f.) _____
sofá (n. m.) _____
tarde (n. f.) _____
televisión (n. f.) _____
tienda (n. f.) _____
tío/a (n.) _____
tu/tus (adj.) _____
ventana (n. f.) _____
zapatilla (n. f.) _____

UNIDAD 3

acostarse (v. r.) _____
afeitarse (v. r.) _____
alguno/a (pron.) _____
asignatura (n. f.) _____
autobús (n. m.) _____
azafata (n. f.) _____
baile (n. m.) _____
ballet (n. m.) _____
beber (v.) _____
bombero (n.) _____
bueno/a (adj.) _____
café (n. m.) _____
casarse (v. r.) _____
cocinero/a (n.) _____
colegio (n. m.) _____
comida (n. f.) _____
dependiente/a (n.) _____
desayunar (v.) _____
desde (prep.) _____

desear (v.) _____
después (adv.) _____
domingo (n. m.) _____
dormir (v.) _____
ducharse (v. r.) _____
edad (n. f.) _____
enfermero/a (n.) _____
entrar (v.) _____
fiesta (n. f.) _____
gustar (v.) _____
hasta (prep.) _____
huevo (n. m.) _____
ir (v.) _____
jueves (n. m.) _____
leche (n. f.) _____
levantarse (v.) _____
lunes (n. m.) _____
madrugada (n. f) _____
magdalena (n. f.) _____
mantequilla (n. f.) _____
mañana (n. f.) _____
martes (n. m.) _____
menos (adv.) _____
mermelada (n. f.) _____
miércoles (n. m.) _____
naranja (n. f.) _____
queso (n. m.) _____
sábado (n. m.) _____
semana (n. f.) _____
siempre (adv.) _____
también (adv.) _____
té (n. m.) _____
temprano (adv.) _____
terminar (v.) _____
tomate (n. m.) _____
tostada (n. f.) _____
todo/a (adj.) _____
tomar (v.) _____
tren (n. m.) _____
vacaciones (n. f. p.) _____
vecino/a (n.) _____
ver (v.) _____
viernes (n. m.) _____
volver (v.) _____
zumo (n. m.) _____

UNIDAD 4

aparcar (v.) _____
armario (n. m.) _____
arriba (adv.) _____
ascensor (n. m.) _____
bajo/a (adj.) _____
bañera (n. f.) _____
baño (n. m.) _____
chalé (n. m.) _____
cine (n. m.) _____
ciudad (n. f.) _____
cocina (n. f.) _____
comedor (n. m.) _____

cuarto (n. m.) _____
derecha (n. f.) _____
doble (adj.) _____
dormitorio (n. m.) _____
espejo (n. m.) _____
fin de semana (n. m.) _____
frigorífico (n. m.) _____
garaje (n. m.) _____
grande (adj.) _____
habitación (n. f.) _____
hay (v. haber) _____
izquierda (n. f.) _____
jardín (n. m.) _____
lámpara (n. f.) _____
lavabo (n. m.) _____
llave (n. f.) _____
microondas (n. m.) _____
nevera (n. f.) _____
patio (n. m.) _____
piscina (n. f.) _____
plano (n. m.) _____
planta (n. f.) _____
salón (n. m.) _____
sillón (n. m.) _____
simpático/a (adj.) _____
supermercado (n. m.) _____
tarjeta de crédito (n. f.) _____

UNIDAD 5

agua (n. f.) _____
andar (v.) _____
animal (n. m.) _____
arroz (n. m.) _____
azúcar (n.) _____
bicicleta (n. f) _____
caminar (v.) _____
carne (n. f.) _____
carta (n. f.) _____
cerveza (n. f.) _____
chuleta (n. f.) _____
cine (n. m.) _____
comedia (n. f.) _____
cordero (n. m.) _____
deporte (n. m.) _____
discoteca (n. f.) _____
ensalada (n. f.) _____
flan (n. m.) _____
fruta (n. f.) _____
fútbol (n. m.) _____
gazpacho (n. m.) _____
hielo (n. m.) _____
jamón (n. m.) _____
judías verdes (n.) _____
limón (n. m.) _____
merluza (n. f.) _____
montar (v.) _____
música (n. f.) _____
nadar (v.) _____
partido (n.m) _____

patata (n. f.) _____
plátano (n. m.) _____
plato (n. m.) _____
playa (n. f.) _____
película (n. f.) _____
pescado (n. m.) _____
pollo (n. m.) _____
postre (n. m.) _____
receta (n. f.) _____
sopa (n. f.) _____
ternera (n. f.) _____
tortilla (n. f.) _____
viajar (v.) _____
vino (n. m.) _____

UNIDAD 6

alquilar (v.) _____
apagar (v.) _____
aquí (adv.) _____
antes (adv.) _____
barrio (n. m.) _____
billete (n. m.) _____
cambiar (v.) _____
céntrico (adj.) _____
cerca (adv.) _____
coger (v.) _____
comunicado (adj.) _____
dato (n. m.) _____
deberes (n.pl.) _____
encender (v.) _____
enfrente (adv.) _____
enseguida (adv.) _____
estación (n. f.) _____
extraña (adj.) _____
frío (adj.) _____
informe (n. m.) _____
lejos (adv.) _____
lento (adj.) _____
línea (n. f.) _____
mal (adv.) _____
malo (adj.) _____
metro (n. m.) _____
necesitar (v.) _____
nota (n. f.) _____
parada (n. f.) _____
perdonar (v.) _____
plaza (n. f.) _____
poder (v.) _____
preparar (v.) _____
prestar (v.) _____
rápido/a (adj.) _____
recto/a (adj.) _____
reunión (n. f.) _____
ruido (n. m.) _____
ruidoso/a (adj.) _____
seguir (v.) _____
sencillo/a (adj.) _____
sentarse (v. r.) _____
taxi (n. m.) _____

tomar (v.) _____
torcer (v.) _____
tranquilo/a (adj.) _____
vale _____

UNIDAD 7

alegre (adj) _____
amarillo/a (adj.) _____
antipático (adj.) _____
azul (adj.) _____
bañador (n. m.) _____
barba (n. f.) _____
bigote (n. m.) _____
blanco/a (adj.) _____
cabeza (n. f.) _____
callado/a (adj.) _____
calvo/a (adj.) _____
claro/a (adj.) _____
conmigo _____
corto/a (adj.) _____
de acuerdo _____
dejar (v.) _____
delgado/a (adj.) _____
dígame (v.) _____
educado/a (adj.) _____
estupendo _____
generoso/a (adj.) _____
gordo/a (adj.) _____
hablador/a (adj.) _____
largo/a (adj.) _____
lavarse (v. r.) _____
lo siento _____
mejor (adj.) _____
momento (n. m.) _____
moreno/a (adj.) _____
ojo (n. m.) _____
oscuro/a (adj.) _____
peinarse (v. r.) _____
pelo (n. m.) _____
pelota (n. f.) _____
periódico (n. m.) _____
piel (n. f.) _____
puerta (n. f.) _____
quedar (v.) _____
recado (n. m.) _____
rojo/a (adj.) _____
rubio/a (adj.) _____
secarse (v. r.) _____
señor/a (n.) _____
simpático/a (adj.) _____
sol (n. m.) _____
sombrero (n. m.) _____
sombrilla (n. m.) _____
toalla (n. f.) _____
tumbona (n. f.) _____
último/a (adj.) _____
venga _____
verde (adj.) _____

UNIDAD 8

acabar (v.) _____
así es _____
atender (v.) _____
ayer (adv.) _____
calor (n. m.) _____
cansado/a (adj.) _____
concierto (n. m.) _____
correos (n.) _____
cumpleaños (n. m) _____
diferente (adj.) _____
encontrar(se) (v.) _____
enfermo/a (adj.) _____
farmacia (n. f.) _____
final (n. m.) _____
girar (v.) _____
iglesia (n. f.) _____
invierno (n. m.) _____
llegar (v.) _____
llover (v.) _____
nevar (v.) _____
nublado (adj.) _____
otoño (n. m.) _____
primavera (n. f.) _____
tiempo (n. m.) _____
verano (n. m.) _____
viento (n. m.) _____
visitar (v.) _____

UNIDAD 9

aburrido/a (adj.) _____
ancho/a (adj.) _____
anillo (n. m.) _____
antiguo/a (n. m.) _____
ayudar (v.) _____
barato/a (adj.) _____
bolso (n. m.) _____
camisa (n. f.) _____
camiseta (n. f.) _____
caro/a (adj.) _____
chaqueta (n. f.) _____
cliente/a (n.) _____
collar (n. m.) _____
conocer (v.) _____
contaminado/a (adj.) _____
corbata (n. f.) _____
costar (v.) _____
divertido/a (adj.) _____
efectivo (adj.) _____
estrecho/a (adj.) _____
estresante (adj.) _____
falda (n. f.) _____
habitante (n. m.) _____
limpio/a (adj.) _____
llevar (v.) _____
marrón/ones (adj.) _____
mayor (adj.) _____
medias (n. f. pl.) _____
mejor (adj.) _____

menor (adj.) _____
moderno/a (adj.) _____
montaña (n. f.) _____
morado/a (adj.) _____
negro/a (adj.) _____
pantalones (n. m. pl.) _____
playeras (n. f. pl) _____
pendientes (n. m.) _____
peor (adj.) _____
precioso/a (adj.) _____
rico/a (adj.) _____
ropa (n .f.) _____
rosa (adj.) _____
seguro/a (adj.) _____
tienda (n. f.) _____
rebajado/a (adj.) _____
sucio/a (adj.) _____
vaqueros (n. pl.) _____
zapato (n. m.) _____

UNIDAD 10

aconsejar (v.) _____
ahorrar (v.) _____
aspirina (n. f.) _____
autocar (n. m.) _____
brazo (n. m.) _____
cabeza (n. f.) _____
campo (n. m) _____
cara (n. f.) _____
cuello (n. m.) _____
de repente _____
dedo (n. m.) _____
dentista (n.) _____
descansar (v.) _____
doler (v.) _____
entrenar (v.) _____
espalda (n. f.) _____
estómago (n. m) _____
feliz (adj.) _____
fiebre (n. f.) _____
garganta (n. f.) _____
gripe (n. f.) _____
hombro (n. m) _____
jugador (n. m.) _____
mano (n. f.) _____
mejorar (v.) _____
mercadillo (n .m.) _____
miel (n. f.) _____
muela (n. f.) _____
oído (n. m.) _____
oreja (n. f.) _____
pecho (n. m.) _____
pie (n. m.) _____
pierna (n. f.) _____
plan (n. m.) _____
rodilla (n. f.) _____
social (adj.) _____
vuelta (n. f.) _____
vida (n. f.) _____

Transcripciones

UNIDAD 1
c. ¿Cuál es tu número de teléfono?

4. Pista 35

1. A. ¿Su nombre, por favor?
   B. Manuel González Romero.
   A. Muy bien. ¿De dónde es usted, señor González?
   B. Soy español, de Valencia.
   A. ¿Vive en Valencia?
   B. No, ahora vivo y trabajo en Madrid.
   A. ¿A qué se dedica usted?
   B. Soy economista.
   A. Muy bien. Y ¿cuál es su número de teléfono?
   B. Es el 9 1 6 5 4 3 2 0 1.
   A. Muchas gracias.

2. A. Isabel, ¿cómo te llamas de apellido?
   B. Jiménez Díaz
   A. ¿Jiménez con g o con j?
   B. Con jota.
   A. ¿Y en qué trabajas?
   B. Soy profesora de alemán.
   A. ¿Eres española?
   B. No, soy mexicana, pero ahora vivo aquí en Madrid.
   A. Muy bien, ¿me dices tu número de teléfono?
   B. Sí, es el 6 5 6 7 8 9 8 2 3
   A. Gracias.

UNIDAD 2
c. ¿Qué hora es?

3. Pista 36

En Siria la gente desayuna a las siete o siete y media, muy pronto. Luego, en el trabajo o en la escuela toman un bocadillo y comen en casa a las dos y media o las tres.
La cena normalmente es a las 10 de la noche.
Los niños empiezan las clases a las siete y media y terminan a las doce y media. Luego, por la tarde, hay otros turnos desde las doce y media hasta las cinco.
En cuanto a los bancos, normalmente abren desde las ocho hasta las dos. Algunos bancos abren también los jueves por la tarde.
Las tiendas de comida están abiertas desde las siete y media de la mañana hasta las diez de la noche.

7. Pista 37

Salidas:

- Los pasajeros del vuelo de Varig número 125 (uno, dos, cinco) que tiene la salida a las siete cuarenta deben dirigirse a la puerta de embarque 12 A.
- El vuelo de Aeroperú número 23848 (dos, tres, ocho, cuatro, ocho) tiene la salida prevista a las siete cincuenta y cinco.
- Los pasajeros del vuelo de Lanchile número cero sesenta y cuatro con salida a las doce cero cinco deben dirigirse a la puerta de embarque 9 D.
- Los pasajeros del vuelo de Aerolíneas argentinas 1289 (uno, dos, ocho, nueve) con destino a Buenos Aires y salida a las quince veinte salen de la puerta de embarque 5B.
- El vuelo de Iberia 576 (cinco, siete, seis) con destino a México sale con una demora de quince minutos y, por tanto, la salida es a las dieciocho treinta y cinco. Pasajeros, diríjanse a la puerta de embarque 7F.
- El vuelo de Alitalia 027 (cero, dos, siete) con destino a Roma tiene su salida a las veintitrés diez.

UNIDAD 3
c. ¿Qué desayunas?

1. Pista 38

A.
CAMARERO:	Buenos días, ¿qué toman?
SEÑOR:	Yo quiero un café con leche y una tostada.
SEÑORA:	¿Tiene zumo de naranja natural?
CAMARERO:	Sí, claro.
SEÑORA:	Yo un zumo de naranja y una tostada con mantequilla y mermelada.

B.
CAMARERO:	Buenos días, ¿qué desea?
SEÑOR:	Quiero dos huevos fritos con beicon.
CAMARERO:	Lo siento, no tenemos. ¿Quiere un bocadillo?
SEÑOR:	Sí, por favor, un bocadillo de queso y un café con leche.

C.
CAMARERO:	Buenos días, ¿qué desea?
SEÑORA:	Buenos días, quiero un té con leche, una magdalena y un zumo de naranja.
CAMARERO:	Muy bien, ahora mismo.

UNIDAD 4
B. Interiores

7. Pista 39

Mi casa de campo es muy bonita. Tiene tres dormitorios con vistas al jardín. El más grande tiene un pequeño cuarto de baño. Tiene otro cuarto de baño grande al final del pasillo. El salón es muy amplio, con dos grandes ventanas y una chimenea para hacer fuego en invierno. Junto al salón está el comedor y una cocina pequeña donde cocinamos mi marido y yo. Hay un garaje a la entrada. La casa tiene un jardín muy grande con muchos árboles y flores. Tenemos una piscina para bañarnos en verano. Nos gusta mucho ir a nuestra casa en vacaciones.

UNIDAD 6

A. ¿Cómo se va a Plaza de España?

3. Pista 40

– Dígame.
– ¿Marta? Soy Beatriz.
– ¡Hola! ¿Ya estáis en Madrid?
– Sí, estamos en el hotel de la Plaza de España.
– Estupendo, ¿comemos juntas? Mi trabajo está cerca del hotel, si quieres puedes venir andando, tardas unos veinte minutos.
– No, no, dime mejor cómo voy en metro, tengo un plano en la mano.
– Mira estoy en Gran Vía, en la línea 5, sólo hay dos estaciones desde Plaza de España, ¿lo ves?
– Pues no.
– Coge la línea la tres, y en la primera estación cambia a la línea 5.
– ¿En Ventura Rodríguez?
– No, en la otra dirección, en Callao, ¿lo ves?
– Sí, sí.

UNIDAD 7

A. ¿Dónde quedamos?

1. Pista 41

1. MARÍA: ¿Por qué no vamos a tomar algo después de trabajar?
    RICARDO: Lo siento, hoy no puedo, tengo que ir de compras con mi hermano. ¿Te parece bien mañana?
    MARÍA: ¿A qué hora te viene bien?
    RICARDO: ¿A las seis?
    MARÍA: No, mejor a las seis y media.
    RICARDO: De acuerdo. ¡Hasta mañana!

2. DANIEL: ¿Vamos al cine esta noche?
    CARMEN: No puedo, lo siento. Voy a cenar con unos amigos.
    DANIEL: ¿Y si nos tomamos un café antes?
    CARMEN: Bueno, de acuerdo. ¿Vamos al Café Central?
    DANIEL: Estupendo. Nos vemos allí a las cinco.

3. Pista 42

ENTREV: Radio Centro FM. Esta noche en nuestra sección de "Espectáculos" vamos a hablar con Carolina y Pedro, una joven pareja de madrileños que nos van a comentar sus preferencias cuando salen de noche los fines de semana.
ENTREV: ¿Adónde vais normalmente?
PEDRO: Yo prefiero ir a un concierto. Me gusta mucho ir a conciertos de rock, pero Carolina ya está un poco harta. A ella le gusta más ir al teatro. Después, nos gusta mucho ir a tomar unas tapas y volver a casa dando un paseo.
ENTREV: ¿Y tú, Carolina, qué dices?

CAROL: Me gusta mucho ir al teatro. También me gustan los conciertos de música clásica, excepto la ópera; es demasiado larga. A Pedro le gusta ir a todo tipo de espectáculos musicales, aunque son muy caros. Pero lo que más nos gusta hacer a los dos juntos es ir al cine.

UNIDAD 8

C. ¿Qué tiempo hace hoy?

1. Pista 43

Desde niña, siempre deseé conocer la selva. Este verano estuve en Perú, un país maravilloso.
Al día siguiente de mi llegada a Lima, cogí un avión a Iquitos, preciosa ciudad tropical, como sacada de una película: los mototaxis, los mercados de fruta, las casas… y el río Amazonas. Después entramos en la selva, dispuestos a pescar pirañas, bañarme en el Amazonas, comer plátano frito…
Más tarde, paramos en un pueblo en medio de la selva. En unos segundos un montón de niños salieron de sus casas y me rodearon con sus rostros sonrientes.
Finalmente, me hice unas fotos con ellos y me despedí muy contenta de llevarme un recuerdo auténtico del Amazonas.

UNIDAD 9

A. ¿Cuánto cuestan estos zapatos?

1 y 2. Pista 44

1. DEPEND: ¿Puedo ayudarla?
    SEÑORA: Sí, ¿cuánto cuestan estos pendientes?
    DEPEND: 20 euros.
    SEÑORA: ¿Y esos de ahí, los azules?
    DEPEND: Esos están rebajados, cuestan 15 euros.
    SEÑORA: Me los llevo.
    DEPEND: ¿Va a pagar en efectivo o con tarjeta?

2. SEÑORA: Buenos días. ¿Cuánto cuesta la falda roja del escaparate?
    DEPEND: Son 40 euros.
    SEÑORA: ¿Puedo probármela?
    DEPEND: Sí, claro, los probadores están al final del pasillo.
    DEPEND: ¿Qué tal le queda?
    SEÑORA: Pues no me gusta mucho, lo siento, no me la llevo.

3. SEÑORA: Mira esa camiseta verde, sólo cuesta 10 euros.
    CHICA: Me gusta más esta, ¿por qué no te la pruebas?
    SEÑORA: Vale… a ver… ¿Cómo me queda?
    CHICA: Fenomenal.
    SEÑORA: ¿Cuánto cuesta?
    CHICA: Da igual, yo te la regalo.

Solucionario

UNIDAD 1

A. ¡Encantado!

1 1. d.; 2. b.; 3. c.; 4. e.; 5. a.; 6. f.

2 1. A. ¿De dónde eres? 2. A. ¡Hola!, ¿qué tal? 3. A. ¿Eres española? 4. A. ¿De dónde eres? 5. A. ¿Cómo te llamas?

3 ¿De dónde eres? / ¿Cómo está usted.

4 1. A. Hola, ¿cómo te llamas? / B. ¿Eres francesa? / A. No, soy nigeriana. ¿Y tú? 2. Pablo: María, mira, esta es Susanne. / Susanne: Bien, gracias. / María: ¿De dónde eres? / Susanne: Soy francesa, pero ahora vivo en Madrid. 3. Rosa: Buenos días, señor Álvarez. / Álvarez: Mire, le presento a la nueva directora, Marta Rodríguez. / Rosa: Encantada de conocerla, Marta. / Marta: gracias, igualmente.

5 País: Perú; Alemania; Irlanda. / Nacionalidad masculino: portugués; marroquí; peruano; bielorruso; mexicano. / Nacionalidad femenino: brasileña; canadiense; alemana; polaca; irlandesa; mexicana.

B. ¿A qué te dedicas?

1 Profesora, médico, cartero, taxista, actriz, camarero, abogada, peluquero.

2 1. Él llama por teléfono todos los días. 2. Rosa tiene tres hijos. 3. Ignacio habla inglés y francés. 4. Nosotros comemos en casa los domingos. 5. ¿Usted habla ruso? 6. ¿Vosotros vivís en España?
7. Ellos viven en París. 8. Layla estudia en la universidad. 9. Yo no trabajo ni estudio. 10. ¿Usted trabaja aquí?

3 **Ser:** soy, eres, es, somos, sois, son. **Tener:** tengo, tienes, tiene, tenemos, tenéis, tienen.

4 1. Elena tiene dos hijos. 2. Roberto es de Buenos Aires. 3. ¿De dónde son Jorge y Claudia? 4. A. ¿Son ustedes americanos? B. No, somos ingleses. 5. Yo tengo un novio español. 6. Mi amiga Gisela es brasileña. 7. A. ¿Tenéis novio? B. Ella sí, pero yo no tengo. 8. A. ¿Tú eres peruana? B. No, soy boliviana.

5 Posibles respuestas: 1. Luis y yo estudiamos Derecho. 2. Renate es traductora. 3. Yo trabajo en un restaurante. 4. Ángel y Rosa tienen dos hijos.

C. ¿Cuál es tu número de teléfono?

1 a. 4. b. 6. c. 1. d. 2. e. 5. f. 3.

2 a: nueve, uno, tres; cinco, seis, siete; ocho, dos, seis. b: Nueve, dos, cinco; cero, siete, tres; nueve, cuatro, uno. c: seis, dos, seis, dos, cinco, cuatro; seis, ocho, cinco. d: seis, dos, cero; seis, cinco, cuatro; tres, nueve, dos. e: nueve, cinco, tres; nueve, ocho, uno; ocho, cinco, seis.

3 once, doce, trece, catorce, quince, dieciséis, diecisiete, dieciocho, diecinueve, veinte.

4 1. Manuel. González Romero. Español. Economista. Madrid. 916543201. 2. Isabel. Jiménez Díaz. Mexicana. Profesora. Madrid. 656789823.

5 Actividad libre.

6 **A.** (1) me llamo; (2) soy; (3) vivo; (4) tengo; (5) se llama; (6) es; (7) trabaja; (8) estudia; (9) es; (10) vive; (11) es.
B. (12) me llamo; (13) soy; (14) soy; (15) vivo; (16) trabajo; (17) Soy; (18) viven.
C. (19) es; (20) Tiene; (21) es; (22) trabaja; (23) Habla; (24) es.

UNIDAD 2

A. Familias

1 1. f; 2. a; 3. e; 4. b; 5. c; 6. d.

2 **Laura:** (1) se llama; (2) es; (3) tiene; (4) es; (5) es; (6) es; (7) tiene.
Pablo: (1) Tengo; (2) es; (3) tiene; (4) es; (5) tiene; (6) se llama; (7) es; (8) se llama; (9) es.

3 Mercedes: abuela; Miguel: marido; Jorge: yerno; Jorge: tío; Marisa: madre; Marisa: mujer; José Luis: abuelo; Miguel y Marisa: padres; José Luis y Mercedes: abuelos.

4 1. Rosa y María son colombianas. 2. Mis padres son profesores. 3. Nosotros tenemos gatos. 4. Ellos están casados. 5. Estos hoteles son caros. 6. ¿Tus compañeros son españoles? 7. Estos chicos son estudiantes. 8. ¿Tus bolígrafos son nuevos? 9. Las ventanas están abiertas.

B. ¿Dónde están mis gafas?

1 mapa, libro, coche, móvil, reloj, sofá, gafas, silla, diccionario, paraguas, ordenador.

2 1. al lado de; 2. encima de; 3. entre; 4. debajo de; 5. encima de; 6. detrás; 7. en; 8. encima de.

3 1. Este es mi hermano. 2. Estos son mis padres. 3. ¿Esta es tu madre? 4. Estos son sus tíos. 5. Estos son tus libros. 6. Estas son mis hermanas. 7. Estos son sus abuelos. 8. ¿Este es su teléfono?

C. ¿Qué hora es?

1 1. las dos y media; 2. las nueve menos veinte; 3. las nueve y diez; 4. las doce en punto; 5. las diez y cuarto; 6. las tres y veinticinco; 7. las seis menos diez; 8. las once menos cuarto.

2 a. veinticinco; b. ochenta y siete; c. noventa y cuatro; d. ciento tres; e. ciento quince. f. doscientos treinta; g. trescientos veintiuno; h. cuatrocientos cuarenta y seis;

i. quinientos treinta y cinco; **j.** mil doscientos doce; **k.** mil novecientos treinta y seis; **l.** mil novecientos noventa y ocho; **ll.** dos mil quinientos cincuenta.

3 Desayuno: siete o siete y media. Comida: dos y media o tres. Cena: diez de la noche. Clases: empiezan a las siete y media. Bancos: abren a las ocho y cierran a las dos. Tiendas: abren a las siete y cierran a las diez de la noche.

4 Actividad libre.

5 **1.** F; **2.** V; **3.** F; **4.** V.

6 **1.** Mi hermana es muy simpática. **2.** ¿Tú vives con tus padres? **3.** ¿Dónde viven tus padres? **4.** Mi hermano mayor es médico. **5.** Mi marido trabaja en una empresa alemana. **6.** Mi abuelo vive con mis padres. **7.** ¿Tus hijos estudian en la universidad?

7 Río de Janeiro: 7.40. Lima: 23848. Santiago: 9D. Buenos Aires: 15.20. México: 7F. Roma: 027.

8 **1.** Mis padres son italianos. **2.** ¿Dónde están mis lápices? **3.** Enrique tiene dos relojes. **4.** El diccionario está encima de la mesa. **5.** La ventana está abierta. **6.** Es la una y cuarto. **7.** Este sofá es muy cómodo. **8.** En mi país la gente cena a las diez.

PRACTICA MÁS 1

1 **A.** yo, trabajo, como, vivo; tú trabajas, comes, vives; él trabaja, come, vive; nosotros trabajamos, comemos, vivimos; vosotros trabajáis, coméis, vivís; ellos trabajan, comen, viven.
B. tengo, tienes, tiene, tenemos, tenéis, tienen; soy, eres, es, somos, sois, son.

2 **1.** tienen; **2.** es, es, trabaja; **3.** comemos; **4.** vive; **5.** Tiene. **6.** son, trabajan; **7.** es, vive; **8.** trabajan; **9.** tenemos; **10.** son, viven.

3 Masculino: ordenador, mapa, sofá, diccionario, libro, móvil, cuaderno, hotel, chico. Femenino: silla, gafas, televisión, mesa, ventana.

4 **1.** ¿De dónde eres? **2.** ¿Eres español? **3.** ¿Dónde vivís? **4.** ¿A qué te dedicas? **5.** ¿Dónde trabajas? **6.** ¿Cómo te llamas? **7.** ¿Sois madrileñas? **8.** ¿Estás casada? **9.** ¿Tienes hijos?

5 **1.** las mesas, **2.** los relojes, **3.** los hombres, **4.** las mujeres, **5.** los paraguas, **6.** los estudiantes, **7.** las abuelas, **8.** los padres, **9.** los autobuses, **10.** los móviles.

6 **1.** tu, **2.** mis, **3.** tu, **4.** tus, **5.** sus, **6.** su, **7.** su, **8.** mi.

7 **1.** diez, once, doce, trece, catorce, quince, dieciséis.
2. veinte, treinta, cuarenta, cincuenta, sesenta, setenta.
3. cien, doscientos, trescientos, cuatrocientos, quinientos, seiscientos, setecientos, ochocientos, novecientos, mil.

8 **1.** buenos, **2.** inglesa, **3.** viven, **4.** trabajo, **5.** peluquera, **6.** son, **7.** tienen, **8.** es, **9.** italianas, **10.** come, **11.** El, **12.** Este.

UNIDAD 3

A. Rosa se levanta a las siete

1 **1.** María se baña por la mañana. **2.** Jorge se levanta muy tarde. **3.** ¿Tú te acuestas antes de las 12? **4.** Mi novio no se afeita todos los días. **5.** Clarita se peina sola. **6.** Yo me acuesto antes que mi mujer. **7.** Mis padres se levantan temprano. **8.** Peter se sienta en la última fila.

2 **1.** a. **2.** desde, de, hasta, de. **3.** de, a. **4.** a, en, a. **5.** A. **6.** de, a. **7.** por, al. **8.** de. **9.** por, por.

3 **1.** c., **2.** a., **3.** f., **4.** b., **5.** e., **6.** d.

4 Me acuesto, te acuestas, se acuesta, nos acostamos, os acostáis, se acuestan. Vuelvo, vuelves, vuelve, volvemos, volvéis, vuelven. Voy, vas, va, vamos, vais, van.

5 voy, cierra, empezamos, salgo, venís, cierro, vengo, empieza, salen.

6 **1.** A. vienes, B. Vengo, voy, cierran. **2.** A. Vamos, B. acuesto. **3.** A. empieza, B. acuesto. **4.** A. volvemos, B. vamos.

B. ¿Estudias o trabajas?

1 **1.** LUNES, **2.** MARTES, **3.** MIÉRCOLES, **4.** JUEVES, **5.** VIERNES, **6.** SÁBADO, **7.** DOMINGO.

2 **1.** b, **2.** a, **3.** d, **4.** f, **5.** c, **6.** g, **7.** e.

3 **1.** c., **2.** e., **3.** d., **4.** f., **5.** g., **6.** b., **7.** a.

4 **1.** el aeropuerto. **2.** trabaja en un supermercado. **3.** son enfermeras y trabajan en un hospital. **4.** es secretaria y trabaja en una oficina. **5.** trabajan en un.

5 **1.** se levanta. **2.** se ducha. **3.** desayuna. **4.** lleva al colegio. **5.** Trabaja. **6.** Recoge. **7.** Va a nadar. **8.** Cena. **9.** Lee.

6 de, soy. Trabajo. Muy, porque, cantantes... semanas, y. Fines, salgo. el, cine.

C. ¿Qué desayunas?

1 A. Café con leche y tostada. B. Zumo de naranja y tostada con mantequilla y mermelada. / Bocadillo de queso y café con leche. / Té con leche, una magdalena y un zumo de naranja.

2 **1.** b.; **2.** a.; **3.** b.

3 **1.** A las dos de la tarde. **2.** Porque duermen la siesta. **3.** No, porque están cerradas las tiendas.

UNIDAD 4

A. ¿Dónde vives?

1 **1.** jardín, **2.** cocina, **3.** cuarto de baño, **4.** comedor, **5.** dormitorio, **6.** garaje, **7.** salón.

2 **1.** En el primero izquierda. **2.** En el cuarto derecha. **3.** En el tercero C. **4.** En el segundo izquierda. **5.** En el décimo derecha.

3 **1.** baño, cocina. **2.** dormitorios. **3.** garaje. **4.** jardín.

B. Interiores

1 **Cocina:** armarios, lavavajillas, mesa, microondas. **Cuarto de baño:** lavabo, espejo, bañera. **Salón:** sillones, equipo de música, mesa.

2 **1.** el. **2.** La. **3.** Los. **4.** el. **5.** las. **6.** El, la.

3 **1.** una, **2.** una, **3.** un, **4.** unos, **5.** un, **6.** unos, **7.** un.

4 **1.** las; **2.** un, una; **3.** un; **4.** La, la; **5.** Los; **6.** la.

5 **1.** Cerca de mi casa hay un restaurante. **2.** El Museo Picasso está en Barcelona. **3.** Bilbao está cerca de Santander. **4.** Hay una estación junto a mi casa. **5.** Al lado de la habitación hay un cuarto de baño. **6.** Encima del espejo está el lavabo. **7.** El ordenador está en la habitación de mi hermano.

6 **1.** está. **2.** Hay. **3.** están. **4.** hay. **5.** está. **6.** Hay. **7.** tienen. **8.** está.
9. Tiene.

7 **1.** F: La casa de Carmen está en el campo. **2.** Verdadera. **3.** F: El salón tiene chimenea. **4.** Verdadera. **5.** F: La casa tiene garaje. **6.** F: El jardín es muy grande. **7.** F: En la casa hay una piscina.

8 (1) grande, (2) Está, (3) en, (4) quinta, (5) tiene, (6) dormitorios, (7) cocina, (8) el, (9) porque, (10) televisión, (11) librería.

C. En el hotel

1 1, e; 2, b; 3, d; 4, c; 5, f; 6, a; 7, g.

2 **1.** ¿Puede decirme si hay habitaciones libres para el próximo fin de semana? **2.** ¿Qué precio tiene? **3.** ¿El uso de la piscina está incluido en el precio?

3 **1.** En Córdoba. **2.** Que es estupendo. **3.** Restaurante, piscina, pistas de tenis, etcétera. **4.** La Mezquita. **5.** Sevilla. **6.** Cenar en el restaurante del hotel.

PRACTICA MÁS 2

1 **1.** c.; **2.** a.; **3.** e.; **4.** g.; **5.** b.; **6.** d.; **7.** f.

2 **1.** se acuesta. **2.** empiezo. **3.** vuelves. **4.** me levanto. **5.** se sienta. **6.** vamos. **7.** vengo. **8.** salgo. **9.** volvemos. **10.** va. **11.** empiezan. **12.** me acuesto. **13.** duerme. **14.** viene. **15.** me siento. **16.** se duchan. **17.** vuelvo.

3 (1) viven, (2) es, (3) Se levanta, (4) desayuna, (5) sale, (6) Va, (7) se levanta, (8) empieza, (9) Va, (10) come, (11) va, (12) sale, (13) vuelve, (14) practican, (15) cenan, (16) ven, (17) se acuestan.

4 (1) a, (2) de, (3) de, (4) a, (5) en, (6) de, (7) a, (8) en, (9) a, (10) hasta.

5 Actividad libre.

6 **1.** g.; **2.** a.; **3.** b.; **4.** e.; **5.** c.; **6.** h.; **7.** d.; **8.** f.

7 **2.** el dependiente, **3.** el presidente, **4.** la recepcionista, **5.** la cocinera, **6.** el médico, **7.** la estudiante, **8.** el periodista.

8 ¿Dónde está el cuarto de baño? / ¿Dónde hay un supermercado? / ¿Dónde está la parada del autobús n.º 5? / ¿Dónde hay una silla para sentarme? / ¿Dónde está la casa de Miguel? / ¿Dónde hay una estación de metro? / ¿Dónde están los libros de Julia.

9 habitaciones libres; doble; precio; por noche; habitación; reserva.

UNIDAD 5

A. Comer fuera de casa

1 **Amalia: 1.** judías verdes, **2.** ensalada, **3.** arroz, **4.** huevos, **5.** fruta. **Juan: 1.** pescado, **2.** carne, **3.** pollo asado, **4.** queso, **5.** tortilla de patatas.

2 **1.** merluza, **2.** flan, **3.** judías, **4.** espárrago, **5.** escalope.

3 **1.** De postre fruta del tiempo para los dos. **2.** Yo quiero sopa de fideos de primero. **3.** De segundo quiero merluza. **4.** Y yo ensalada. **5.** pues yo pollo asado. **6.** Para beber, agua, por favor.

4 Jorge: Yo quiero sopa de fideos de primero. Ana: Y yo ensalada. Jorge: De segundo quiero merluza. Ana: Pues yo pollo asado. Jorge: Para beber, agua, por favor. Ana: De postre fruta del tiempo para los dos.

B. ¿Te gusta el cine?

1 **1.** A Carmen le gusta la música clásica. **2.** A Pablo le gusta navegar por Internet. **3.** A los dos les gustan las plantas. **4.** A Carmen le gusta la fotografía. **5.** A Pablo le gusta el cine. **6.** A Carmen le gusta leer. **7.** A Pablo le gusta el cine. **8.** A Carmen le gusta esquiar. **9.** A Pablo le gusta montar en bicicleta. **10.** A Carmen le gustan los animales.

2 Actividad libre.

3 **1.** ¿A tus amigos les gusta la informática? **2.** ¿A ti y a tu compañero os gusta el ciclismo? **3.** ¿Te gustan los animales? **4.** ¿A tu amigo le gusta ver la televisión? **5.** ¿Te gusta el cine de terror? **6.** ¿Te gusta la paella?

C. Receta del caribe

1 trabaja, trabaje; come, coma; abre, abra; bebe, beba.

2 **1.** Lava, **2.** Corta, **3.** Añade, **4.** Mezcla, **5.** Sirve.

3 **1.** Prepara, **2.** Compra, **3.** Elabora, **4.** Usa, **5.** Añade, **6.** Recoge.

4 Actividad libre.

5 **1.** Aceite de oliva, pan y vino **2.** Desde hace más de cinco mil años. **3.** Porque disminuye el colesterol. **4.** Los pescados azules, las legumbres y las frutas. **5.** En Grecia y en España.

UNIDAD 6

A. ¿Cómo se va a Plaza de España?

1 **1.** va, coge, bajas, cambias. **2.** se va, Coge, cambias. **3.** va, coges, bajas.

2 **1.** de, a, de. **2.** de. **3.** a. **4.** De, a. **5.** de, al, en. **6.** a, en. **7.** a. **8.** de, a.

3 **1.** V, **2.** F, **3.** F.

B. Cierra la ventana, por favor

1 **1.** g.; **2.** a., **3.** f., **4.** e., **5.** d., **6.** b., **7.** c.

2 **1.** ¿Puedes poner la televisión? **2.** ¿Puedes hablar más despacio? **3.** ¿Puedes venir aquí? **4.** ¿Puedes hacer los ejercicios? **5.** ¿Puedes cerrar la puerta? **6.** ¿Puedes pedir la cuenta? **7.** ¿Puedes encender la luz?

3 empiezo, empieza; enciendo, enciende; pido, pide; guarda.

4 **1.** Cierra el libro. **2.** Empieza a trabajar. **3.** Enciende el ordenador. **4.** Christian, siéntate allí. **5.** Siga por aquí. **6.** Pide dinero a tus padres. **7.** Acuéstate pronto. **8.** Levántate ya, son las diez. **9.** Dame un vaso de agua. **10.** Déjame tu coche. **11.** Deme su pasaporte.

5 **1.** Guarda la ropa limpia en el armario. **2.** Pon la ropa sucia en la lavadora. **3.** Haz la cama. **4.** Coloca los libros en la estantería.
5. Pon los Cd en su sitio.

C. Mi barrio es tranquilo

1 **1.** A; **2.** C; **3.** B; **4.** D.

2 (1) es, (2) es, (3) está, (4) Está, (5) es, (6) es, (7) es, (8) está.

3 **1.** corto, **2.** lento, **3.** bajo, **4.** pequeño, **5.** difícil, **6.** tranquilo.

4 **1.** es, **2.** está, **4.** es rubio, **5.** es, **6.** está al lado, **7.** están, **9.** están.

5 Tren: estación; avión: aeropuerto; barco: puerto; taxi: parada.

6 Actividad libre.

7 (1) cultura, (2) ritmos, (3) salsa, (4) baila, (5) popular, (6) canciones, (7) cantantes.

8 **1.** F., **2.** F., **3.** V., **4.** F.

PRACTICA MÁS 3

1 lechuga, huevo, tomate, naranja, pollo, plátano, limón, queso, jamón, patata.

2 **1.** f.; **2.** a., c.; **3.** e.; **4.** d.; **5.** d., b.; **6.** c.; **7.** a.; **8.** b., c., d., e., f.

3 Jugar al fútbol, ver la televisión, escuchar música, bailar,

montar en bicicleta, visitar un museo, ir de compras, navegar por Internet, pasear.

4 **1.** A Ana y Raúl les gusta el cine, **2.** A Ana le gusta ir de compras, pero a Raúl no. **3.** A Ana no le gusta la música clásica, pero a Raúl sí. **4.** A Ana no le gusta nadar, pero a Raúl sí. **5.** A Ana y Raúl les gusta leer. **6.** A Ana no le gusta andar, pero a Raúl sí.
7. A Ana y Raúl les gusta viajar. **8.** A los dos les gusta bailar. **9.** A Ana le gusta navegar por Internet, pero a Raúl no. **10.** A Ana y Raúl no les gustan las motos. **11.** A Ana no le gustan las plantas, pero a Raúl sí. **12.** A Ana no le gusta el fútbol, pero a Raúl sí.

5 **Regulares:** terminar: termina; hablar: habla; abrir: abre; mirar: mira; pasar: pasa; coger: coge; tomar: toma; escribir: escribe; comer: come. **Irregulares:** venir: ven; hacer: haz; poner: pon; cerrar: cierra; dar: da; sentarse: siéntate; decir: di; volver: vuelve.

6 Yo vivo en una ciudad muy pequeña y silenciosa. Los edificios son muy antiguos y bajos. Las calles son estrechas y hay pocos coches. El piso donde vivo es grande, y el alquiler barato, porque está lejos del centro. Hay pocas tiendas, pero son baratas para mí.

7 **1.** es; **2.** es, está; **3.** son; **4.** está; **5.** es; **6.** A. están, B. son; **7.** A. estás; **8.** está; **9.** son; **10.** está; **11.** está; **12.** es.

8 **1.** e; **2.** h; **3.** a; **4.** b; **5.** f; **6.** g; **7.** c; **8.** d.

UNIDAD 7

A. ¿Dónde quedamos?

1 **1.** María: ¿Por qué no vamos a tomar algo después de trabajar? Ricardo: Lo siento, hoy no puedo, tengo que ir de compras con mi hermano. ¿Te parece bien mañana? María: ¿A qué hora te viene bien? Ricardo: ¿A las seis? María: No, mejor a las seis y media. Ricardo: De acuerdo. ¡ Hasta mañana! **2.** Daniel: ¿Vamos al cine esta noche? Carmen: No puedo, lo siento. Voy a cenar con unos amigos. Daniel: ¿Y si nos tomamos un café antes? Carmen: Bueno, de acuerdo. ¿Vamos al Café Central? Daniel: Estupendo. Nos vemos allí a las cinco.

2 Actividad libre.

3 **1.** V; **2.** F; **3.** F; **4.** V; **5.** V; **6.** F.

4 **1.** f; **2.** e; **3.** a; **4.** b; **5.** c; **6.** d.

5 **1.** ¿Está Pilar? **2.** ¿A qué hora puedo llamarla? **3.** ¿Quieres ir al cine mañana? **4.** ¿Quedamos a las seis? **5.** ¿A qué hora quedamos? **6.** ¿Dónde quedamos?

6 **1.** V; **2.** V; **3.** F; **4.** F; **5.** V; **6.** V.

B. ¿Qué estás haciendo?

1 **1.** está pintando; **2.** están jugando; **3.** está mirando; **4.** está descansando; **5.** están viendo; **6.** está saliendo.

2 **1.** como; **2.** Está haciendo; **3.** estás leyendo; **4.** hago; **5.** no hablo; **6.** duermes; **7.** te gusta; **8.** Está trabajando.

3 (1) vive, (2) está pasando, (3) están visitando, (4) están bañándose, (5) tiene, (6) le gusta, (7) están viendo, (8) cenan.

4 **1.** Me estoy preparando para un examen. **2.** ¿Qué estás haciendo ahora? **3.** Están comiendo un bocadillo **4.** Estamos haciendo la cena. **5.** Mi marido está trabajando. **6.** Esta semana está lloviendo mucho. **7.** Mis amigos están viendo un partido de tenis.

5 **1.** María se está lavando la cara. **2.** Luis se está afeitando. **3.** Mi hermano se está duchando. **4.** Yo me estoy peinando. **5.** Susana y Rosa se están pintando los labios. **6.** Miguel se está bañando. **7.** Mi hijo se está peinando.

c. ¿cómo es?

1 **1.** F.; **2.** F., **3.** F., **4.** V., **5.** V., **6.** F., **7.** F.

2 Velázquez: pelo largo, barba, pelo moreno, bigote, mayor, alto. Infanta Margarita: pelo largo, pelo rubio, joven. Meninas: pelo largo, pelo moreno, jóvenes.

3 **1.** generoso, **2.** callado, **3.** antipático, **4.** alegre, **5.** maleducado.

4 Hombre: serio, callado, educado. Mujer: habladora, alegre, simpática.

UNIDAD 8

A. De vacaciones

1 **1.** e., **2.** a., **3.** c., **4.** f., **5.** d., **6.** b.

2 **1.** B. primera a la izquierda. **2.** B. la primera a la derecha. **3.** B. la tercera calle a la izquierda y después la primera a la derecha.

3 **1.** A. ¿Puede decirme cómo se va al parque? B. Gire la primera a la derecha y después la segunda a la izquierda. **2.** A. ¿Puede decirme cómo se va al teatro? B. Sí, la primera calle a la derecha y después la primera a la derecha. **3.** A. ¿Puede decirme cómo se va al restaurante? B. Sí, todo recto y después la segunda calle a la derecha.

4 **1.** en; **2.** hasta, de; **3.** a; **4.** de; **5.** en, a; **6.** En, de. **7.** al, de, de; **8.** a.

5 **a.** 3, **b.** 5, **c.** 1, **d.** 2, **e.** 4.

B. ¿Qué hizo Rosa ayer?

1 fue / comer, comí / escuché, escuchó / leer, leyó / comer, comí / empecé, empezó / estar, estuvo / jugar, jugó / salí, salió / vivir, vivió.

2 **1.** c. (trabajo / empecé); **2.** e. (va / fue); **3.** f. (ve / escuchó); **4.** b. (van / jugaron); **5.** d. (llueve / nevó); **6.** a. (hacemos / estuvimos).

3 (1) estuviste; (2) Fui; (3) comisteis; (4) pedimos; (5) pasasteis; (6) pasamos; (7) reímos; (8) Fue.

4 **1.** ¿A quién llamó por teléfono el jueves? A Tomás. **2.** ¿Qué día cogió el tren? El viernes. **3.** ¿A qué hora salió el tren? A las 11:30. **4.** ¿De quién fue el sábado el cumpleaños? De María. **5.** ¿Con quién fue el domingo al cine? Con Tomás. **6.** ¿Cuándo vio la nota del examen? El lunes. **7.** ¿Adónde fue el martes? Al gimnasio.

c. ¿Qué tiempo hace hoy?

1 (1) estuve, (2) cogí, (3) avión, (4) río, (5) Después, (6) Más tarde, (7) salieron, (8) Finalmente, (9) hice, (10) despedí.

2 **1.** Al día siguiente me fui a Iquitos. **2.** En Iquitos vimos el río Amazonas. **3.** En el Amazonas se pescan pirañas. **4.** En el pueblo de la selva conocí a un grupo de niños. **5.** Me llevé un auténtico recuerdo del Amazonas.

3 **1.** En México hace calor. Tienen una temperatura de veintinueve grados centígrados. **2.** En Argentina está nublado. Tienen una temperatura de quince grados centígrados. **3.** En Brasil está lloviendo. Tienen una temperatura de diecisiete grados centígrados.

4 **1.** 100 millones de habitantes. **2.** 4.350 pesos. **3.** Octubre, noviembre, diciembre, enero, febrero, marzo. **4.** Iberia y Aeroméxico.

PRACTICA MÁS 4

1 **1.** estoy viendo. **2.** ¿Estás estudiando? **3.** está haciendo. **4.** estamos preparando. **5.** Estáis viendo. **6.** están jugando.

2 (1) está comprando, (2) está hablando, (3) está preguntando, (4) está enseñando, (5) van, (6) comentan, (7) están, (8) le gusta.

3 **1.** tocó, **2.** ganó, **3.** se fueron, **4.** viajaron, **5.** estuvieron, **6.** volvió, **7.** vivieron.

4 (1) tocó, (2) celebró, (3) llamé, (4) gastó, (5) fui, (6) compré, (7) pasamos.

5 **1.** tacaño. **2.** antipático. **3.** serio. **4.** maleducado. **5.** habladora.

6 **1.** En Caracas hace calor. **2.** En Lima está nublado. **3.** En Santiago de Chile está nevando. **4.** En Asunción hace frío. **5.** En Brasilia hay viento. **6.** En Bogotá hace mucho calor.

7 enero, febrero, marzo, abril, mayo, junio, julio, agosto, septiembre, octubre, noviembre, diciembre.

UNIDAD 9

A. ¿cuánto cuestan estos zapatos?

1 **1.** (1) cuánto, (2) cuestan, (3) llevo, (4) con tarjeta. **2.** (1)

cuesta, (2) Son, (3) probármela, (4) queda, (5) gusta, (6) llevo.
3. (1) cuesta, (2) gusta, (3) queda, (4) Cuánto.

2 Escucha y comprueba.

3 **1.** ¿Tú lo traes? **2.** ¿Tú las ves? **3.** ¿Tú los compras? **4.** ¿Tú la conoces? **5.** ¿Tú lo lees? **6.** ¿Tú lo usas?

4 **1.** Este, corto; **2.** Esa, pequeña; **3.** Esos, nuevos; **4.** Aquellas, cansadas; **5.** esta, roja; **6.** este; **7.** Estas, caras, aquellas, baratas.

5 **1.** me; **2.** la; **3.** los; **4.** lo; **5.** lo; **6.** os; **7.** te; **8.** Nos, os; **9.** las.

B. Mi novio lleva corbata

1 Jersey, pantalones, falda, camiseta, calcetines, abrigo, camisa, zapatos.

2 **1.** monedero; **2.** carpeta, negra; **3.** grises; **4.** gafas, rojas, modernas; **5.** pelota, amarilla; **6.** azules; **7.** rosa; **8.** verdes; **9.** bufanda, naranja.

C. Buenos Aires es más grande que Toledo

1 **1.** Aquellos vaqueros son más baratos que estos. **2.** Yo soy menor que Juanjo. **3.** El coche de Miguel es mejor que el de Ramón. **4.** La silla es más incómoda que el sillón. **5.** El abrigo es más corto que la falda. **6.** Nosotras tenemos más libros que ella.

2 (1) mejor; (2) más; (3) tanta; (4) más; (5) más; (6) tan; (7) mayor.

3 Actividad libre.

4 (1) noroeste, (2) lugar, (3) después, (4) la catedral, (5) empezó, (6) Es, (7) mirar, (8) ambiente, (9) que, (10) encontrar, (11) hay, (12) postre.

UNIDAD 10

A. La salud

1 **1.** rodilla, **2.** dedos, **3.** mano, **4.** brazo, **5.** hombro, **6.** cara, **7.** ojos, **8.** oreja, **9.** pelo, **10.** cuello, **11.** pecho, **12.** pierna, **13.** pie.

2 **1.** dedos, **2.** oreja, **3.** cara, **4.** pie, **5.** ojos, **6.** dedos.

3 **1.** orejas, **2.** bigote, **3.** brazos, **4.** dientes, **5.** ojos, **6.** manos, **7.** dedos.

4 **1.** le duele, **2.** les duele, **3.** me duele, **4.** le duelen, **5.** te duele, **6.** nos duelen.

5 Sonia: ¿Qué te pasa Alfonso? ¿Te encuentras bien? Alfonso: No muy bien. Tengo fiebre. Sonia: ¿Estás tomando algo? Alfonso: No, de momento no. Sonia: ¿Por qué no te tomas una aspirina y descansas? Alfonso: Sí, es lo mejor porque mañana tengo mucho trabajo. Sonia: seguro que mañana estás mejor.

B. Antes salíamos con los amigos

1 **1.** d. trabajaba; **2.** f. íbamos; **3.** a. venía; **4.** c. compraba; **5.** e. me gustaba; **6.** b. hacías.

2 **1.** me encontraba; **2.** estaba; **3.** iba; **4.** tenía; **5.** eran, tocaban; **6.** subía.

3 (1) tenía; (2) vivíamos, (3) era, (4) había, (5) teníamos, (6) iba, (7) era, (8) atendía, (9) vivíamos, (10) tomábamos.

4 **1.** Tenía 90 años. **2.** En Trujillo. **3.** Era barbero. **4.** Comían muchos alimentos naturales, leche recién ordeñada y patatas recogidas del campo.

C. Voy a trabajar en un hotel

1 **1.** c; **2.** b; **3.** d; **4.** a; **5.** e.

2 **1.** Juan va a lavar el coche. **2.** Yo voy a llamar a mis amigos. **3.** Ana va a cenar con Pedro. **4.** María y Alberto van a pintar su casa. **5.** Tomás y yo vamos a arreglar nuestras bicicletas. **6.** ¿Vas a ir a la piscina? **7.** ¿Vais a venir a comer?

3 (1) va a venir; (2) vamos a ver; (3) vamos a jugar; (4) puedo; (5) voy a lavar.

4 **1.** f; **2.** c; **3.** b; **4.** a; **5.** d; **6.** e; **7.** g.

5 **1.** David va a hacer fotos a los leones. **2.** Pedro va a volar sobre el Gran Cañón. **3.** Alberto y Pablo van a pasear por la plaza Roja. **4.** Yo voy a visitar las pirámides. **5.** Tú vas a oír flamenco. Mi novio y yo nos vamos a bañar en las playas de Copacabana. **6.** Nosotros vamos a conocer las islas griegas.

6 **1.** V; **2.** F; **3.** V; **4.** F; **5.** V; **6.** F.

PRACTICA MÁS 5

1 **1.** Lo; **2.** los; **3.** Las; **4.** Las; **5.** La; **6.** Los.

2 **1.** pequeño. **2.** caro. **3.** oscura. **4.** sucia. **5.** larga. **6.** grande.

3 **1.** mejor; **2.** tan; **3.** menos; **4.** que; **5.** como; **6.** mayor, menor; **7.** peores; **8.** peor; **9.** menos; **10.** mejores.

4 comía, decía; dibujabas, decías; dibujaba, comía; dibujábamos, comíamos, decíamos; dibujabais, comíais, decíais; dibujaban, comían, decían. // iba, era, ibas, eras; iba, era; íbamos; erais; iban, eran.

5 **1.** vivían; **2.** era, iba; **3.** bebíamos; **4.** tenían, salían; **5.** íbamos; **6.** venía, jugaba; **7.** estábamos, montábamos; **8.** conducía.

6 **2.** ¿Cuándo van a ir Juanjo y sus amigos al gimnasio? Van a ir al gimnasio el martes y el jueves. **3.** ¿Qué se va a comprar? Se va a comprar un coche nuevo. **4.** ¿Con quién va a pasar las vacaciones? Va a pasar las vacaciones con Nieves y Lucía. **5.** ¿Qué día va a organizar una fiesta? El día de su cumpleaños, el 28 de febrero. **6.** ¿Dónde van a jugar Juanjo y Miguel al tenis? Van a jugar en la Casa de Campo. **7.** ¿Dónde va a pasar la semana santa? Va a pasar la semana Santa en Londres.